KB051073

목간으로 보는

일본 고대인의 일상

경북대학교 인문학술원
HK+사업단 번역총서 04

경북대학교 인문학술원 HK+사업단편
奈良文化財研究所 엮음
하시모토 시게루(橋本繁),
팡궈화(方國花), 김도영(金跳咏) 옮김

MOKKAN KODAI KARANO TAYORI
ed. by NARA BUNKAZAI KENKYUSHO
ⓒ 2020 ed. by NARA BUNKAZAI KENKYUSHO
Originally published in 2020 by Iwanami Shoten, Publishers, Tokyo.
This Korean edition published 2021
by Juluesung Publishing Co., Seoul
by arrangement with Iwanami Shoten, Publishers, Tokyo

이 저서는 2019년 대한민국 교육부와 한국연구재단의 지원을 받아 수행된 연구임
(NRF-2019S1A6A3A01055801)

목간으로 보는

일본
고대인의
일상

경북대학교 인문학술원
HK+사업단 번역총서 04

경북대학교 인문학술원 HK+사업단편
奈良文化財研究所 엮음
하시모토 시게루(橋本繁),
방귀화(方國花), 김도영(金跳咏) 옮김

범례

1. 이 책은 2020년 일본 나라문화재연구소에서 간행한 『木簡 古代 からの便り』를 경북대학교 인문학술원 HK+사업단의 교수 김도영, 연구교수 팡궈화(方國花), 하시모토 시게루(橋本繁)가 공동으로 번역한 책이다.

2. 번역은 하시모토 시게루가 머리말, 1절~14절, 맺음말, 후기를, 팡 궈하가 15절~31절, 김도영이 32절~49절까지 담당하였다. 완성된 초 고를 김도영이 통합하여 한국어를 교정한 후 다시 번역자 3인이 전 체적인 내용과 세부적인 표현을 논의하여 번역문을 완성하였다.

나라문화재연구소 편,
『목간으로 보는 일본 고대인의 일상』 발간사

    경북대학교 인문학술원에서는 2019년 5월부터 7년간 인문한국진흥사업(HK+사업)의 연구 아젠다인 "동아시아 기록문화의 원류와 지적네트워크 연구"라는 연구 아젠더를 수행하고 있다. 주된 연구대상은 20세기 초 이래 지금까지 한국·중국·일본에서 발굴된 약 100만 매의 木簡이다. 목간은 고대 동아시아의 각종 지식과 정보를 함축한 역사적 기억공간이자 이 지역의 역사와 문화적 동질성을 확인하는 인문플랫폼이라 할만하다. 다만 지금까지의 목간 연구는 종래 문헌자료의 부족으로 인하여 연구가 미진하거나 오류로 밝혀진 각국의 역사를 재조명하는 '一國史' 연구의 보조적 역할을 하거나, 연구자의 개인적 학문 취향을 만족시키는 데 머문 경향이 없지 않았다. 그 결과 동아시아 각국의 목간에 대한 상호 교차 연구가 미진하고, 목간을 매개로 형성된 고대 동아시아의 기록문화와 여기에 내재된 동아시아 역사에 대한 거시적이고 종합적인 연구가 부족한 것이 현실이다.

    이에 우리 HK+사업단에서는 목간을 단순히 일국사 연구의 재료로서만이 아니라 동아시아 고대기록문화와 이를 바탕으로 형성·전개된 동아시아의 역사적 맥락을 再開하고자 한다. 그리고 기존의 개별 분산적 분과학문의 폐쇄적 연구를 탈피하기 위하여 목간학 전공자는 물론이고 역사학·고고학·어문학·고문자학·서지학·사전학 등의 전문연구자와 협업을 꾀하고자 하며, 이 과정에서 국제적 학술교류에 힘쓰고자 한다. 그 일환으로 우리 사업단이 축적한 목간학의 학문적 성과를 '연구총서'로, 국외 목간 연구의 중요 성과를 '번역총서'의 형태로 발간하고자 한다.

1961년 이래 현재까지 50만 매 이상의 목간이 발굴된 일본에서는 목간의 조사와 발굴 및 정리와 연구의 전 과정이 체계적으로 정착되어 있을 뿐 아니라 개론서로부터 전문연구서까지 목간에 대한 양질의 연구 성과가 다양하게 축적되어 있음은 잘 알려진 사실이다. 그렇지만 국내에서는 주로 한일 목간의 형태와 서사 방식 및 내용상의 유사성을 찾아내어 한국 목간이 일본 목간의 원류일 것이라는 점에 주목할 뿐 일본 목간에 대한 전문적 연구는 거의 이루어지지 않았다. 이에 우리 사업단에서는 전문 연구자는 물론이고 목간에 관심을 가진 학문후속세대 및 일반인들의 목간에 대한 탄탄한 학문적 기초 다지기의 일환으로 일본의 연구 성과를 적극 번역 출간하기로 하였는바, 본서가 그 대표적 성과물의 하나라 할 수 있다.

이 책은 일본 목간의 가장 중심적 연구 기관인 나라문화재연구소기 2020년에 간행한 『木簡-古代からの便り』의 번역서이다. 본서는 현재에도 60년 이상 진행되고 있는 헤이조큐(平城宮) 유적에서 발굴된 목간의 내용과 역사적 의미 등에 대해서는 물론이고, 목간에 반영된 후지와라쿄(藤原京) 의 조성 역사를 비롯하여 일본 고대인의 생활상을 재현하는 등의 다양한 내용을 담고 있다. 특히 이 책에서는 목

간을 깍아 낸 부스러기인 '삭설(削屑)목간'의 분석을 통하여 '목간의 일생'을 연구하는 등의 창의적 내용을 담고 있음은 물론, 목간의 발굴과 조사 및 보존 방법, 나아가 최적의 목간 촬영방법과 목재의 연대 측정법 등에 이르기까지 다양하고도 귀중한 견해를 제시하고 있다. 이는 목간의 조사·발굴·보존·공개·연구를 일괄적으로 수행하고 있는 나라문화재연구소 측의 노력과 현장 경험이 농축된 연구 성과로서, 한국 목간의 연구에도 길잡이 역할을 하기에 부족하지 않을 것이다.

본서의 한국 출판을 흔쾌히 동의한 나라문화재연구소측과 번역을 맡아주신 우리 사업단의 교수 김도영, 연구교수 팡궈화(方國花), 하시모토 시게루(橋本繁)의 수고에 감사드린다. 이러한 학문적 성과의 나눔이 고대 동아시아세계가 공유한 歷史像에 대한 새로운 硏鑽의 계기가 되기를 희망한다.

경북대학교 인문학술원장

HK+사업연구책임자

윤재석

차례

III. 목간 사용법

IV. 저것도 목간? 이것도 목간!

V. 목간 깊게 이해하기

VI. 목간으로 보는 고대인의 일상

VII. 목간을 미래에 전하기 위해

머리말

목간으로의
초대

머리말 – 목간으로의 초대

세계유산 '고도(古都) 나라(奈良) 문화재'의 구성요소 중 하나인 헤이조큐(平城宮) 터는 일본 고대 율령국가(律令國家)의 역사가 그대로 땅속에 남아 있는, 130헥타르에 이르는 광대한 유적입니다. 메이지(明治)·다이쇼(大正) 시기의 선구적인 보존 운동과 1960년대 고도경제성장기(高度經濟成長期)의 개발 파도로 인한 전국적인 유적 보존 운동의 성과로 80% 이상이 국유화되었으며 현재는 거의 전역이 특별사적(特別史蹟)으로 보호되고 있습니다.

나라문화재연구소(奈良文化財研究所)가 계속해서 학술조사를 담당하였으며, 2019년에 60주년을 맞이하였습니다. 발굴은 아직 전체 면적의 1/3정도이지만 『續日本紀』와 같이 한정된 사료로 인하여 단편적으로만 알 수 있었던 헤이조큐(平城宮)의 실상을 밝힐 수 있었을 뿐만 아니라 율령국가의 건설과정을 비교적 양호하게 알 수 있게 되어, 일본 고대국가의 살아있는 증인이라고 할 수 있는 유적임이 밝혀졌습니다.

수많은 조사 성과 가운데 특별히 언급할 만한 것은 목간의 발견입니다. 문자 자료가 가지는 힘은 매우 큽니다. 역사적 사실을 밝힐 뿐만 아니라 유구와 유물의 성격을 검토하거나 그 연대를 결정하는 실마리를 제공해 주는 것 역시 목간입니다. 헤이조큐(平城宮)에서 일하던 관인들이 여러 사무작업 과정에서 실제로 쓴 목간이 그대로 출토된 것입니다. 1차 자료라고 할 수 있는 것입니다.

국보 '헤이조큐(平城宮) 터 출토 목간'

2017년에 헤이조큐(平城宮) 터에서 출토된 목간이 국보로 지정되었습니다. 2003년에 헤이조큐(平城宮) 대선직(大膳職) 추정지 출토 목간이 목간으로서는 처음으로 중요문화재(重要文化財, 옮긴이 : 한국의 보물에 해당)가 된 이래 네 차례에 걸쳐 중요문화재로 지정되었습니다(본서Ⅶ-44). 이들을 중심으로 3,184점의 목간이 한꺼번에 국보로 격상된 것입니다. 목간의 높은 역사적 가치가 인정된 결과입니다.

전국에서 발견된 목간은 50만 점에 이릅니다. 그 가운데 70%는 일본 고대 도성과 그 주변에서 출토된 것입니다. 지금까지 발견된 목간 가운데 가장 이른 것은 630년대에 제작되었습니다. 다이카(大化) 쿠데타 이후 덴지(天智)조에 사용된 목간의 실태는 아직 잘 알 수 없으나 '임신(壬申)의 난(亂)'을 거쳐 중국 율령에 바탕을 둔 국정 운영을 받아들여 제도 정비를 재개한 아스카키요미하라노미야(飛鳥淨御原宮) 시대부터 서서히 늘어나기 시작합니다. 660년 백제가 멸망하면서 일본으로 건너온 백제인들의 문화가 일본 목간 문화의 직접적인 원류가 된 것으로 추정하고 있습니다.

그 후 후지와라쿄(藤原京) 시대 중엽 다이호(大寶) 율령이 시행되면서 목간을 폭발적으로 사용하기 시작합니다. 목간은 종이와 같이 율령국가 문서행정의 운용 수단으로 발달·전개된 것입니다. 8세기는 목간의 세기라고 할 수 있고, 후지와라쿄(藤原京), 헤이조쿄(平城京), 나가오카쿄(長岡京)는 바로 목간의 도성이었으며, 그중에서도 헤이조쿄(平城京)와 그 정치적 중심에 있는 헤이조큐(平城宮)는 목간의 보고(寶庫)라고 할 수 있을 것입니다. 헤이조큐(平城宮)가 '지하의 정창원(正倉院)'이라고 불리는 것도 수긍할 수 있는 일입니다.

목간 하나하나가 지닌 정보는 한정적이지만 그들이 적지 않은 수가 된 현재, 그 총체로서의 목소리는 더욱 큰 의미를 지닙니다. 목간에 쓰인 한마디가 역사를 새롭게 쓰는 경우도 있습니다. 목간 없이는 일본 고대사를 이야기할 수 없게 되었다고 해도 과언이 아닙니다.

이 책에서는 헤이조큐(平城宮) 목간이 국보로 지정된 이 시점에, 목간을 통해서 과거의 어떤 사실을 알 수 있는지에 대해 여러 각도에서 바라보려고 합니다. 목간의 정보는 문자에 한정되지 않습니다. 목간이라는 목제품, 고고유물로서 목간이 지닌 정보도 최대한 알아보고자 합니다.

쓰여 있는 내용만으로 목간 스스로가 전해주는 것에는 한계가 있습니다. 목간이 무엇을 전해주는지는 오로지 조사자의 손에 달려있습니다. 이 책의 시도가 어느 정도 성공하였는지는 독자 여러분이 판단하실 수밖에 없지만, 여러분을 목간의 세계로 초대하는 것에 이 책이 조금이라도 도움이 되었으면 합니다.

(渡辺晃宏)

I

목간이란
무엇인가?

1. 땅속의 글자는 무엇을 말하는가?

역사를 복원하기 위한 소재를 자료라고 합니다. 그것은 역사서나 고문서만이 아닙니다. 문학 작품도 훌륭한 자료가 될 수 있고 문자 자료(=사료)가 아닌 그림이나 유물도 소중한 자료입니다.

또 형태가 없는 것들, 예를 들어서 전승이나 제사, 혹은 민속, 예능도 역사를 생각하는 소재가 많이 담겨 있습니다.

그리고 자료는 전해지는 방법도 다양합니다. 형태가 있는 것과 없는 것, 형태가 있는 경우에도 소중하게 보관된 것만 있는 것은 아닙니다. 필요 없어져서 쓰레기로 버려진 것이 발굴조사를 통해 발견되는 경우도 있습니다. 땅속에 묻힌 생활의 쓰레기(유물)나 땅에 남은 생활의 흔적(유구)을 고고자료라고 합니다.

고고자료에도 글자가 있는 사례가 있습니다. 여러 유물에서 문자를 확인할 수 있는데 대표적인 것이 나무에 기록된 글자입니다. 가장 많이 사용된 것은 종이였겠지만 종이는 보통 땅속의 수분으로 썩어 버립니다. 이에 반해 나무는 불가사의하게도 천 년 이상 남는 경우도 있습니다. 물론 부식은 진행되었지만 풍부한 수분이 오히려 형태를 유지하는 역할을 하는 것입니다.

이렇게 땅속에서 발견되는 글자가 있는 나무 편이 '목간'입니다. 글자가 있는 나무 편이 땅속에서 발견되는 경우는 이미 에도(江戶)시대에 알려져 있었습니다. 하지만 글자를 쓰기 위해 나무 편을 이용하였고 이를 통해 행정을 운용하였다는 사실이 밝혀진 것은 1961년 헤

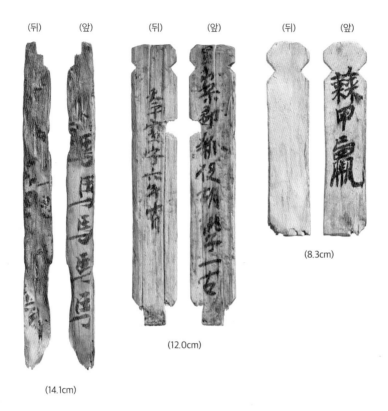

(뒤)　(앞)　　　(뒤)　(앞)　　　(뒤)　(앞)

(8.3cm)

(12.0cm)

(14.1cm)

1961년에 헤이조큐(平城宮) 터에서 출토되어 국보로 지정된 목간 중 일부
우: 성게(蒜甲蠃)의 부찰
중: 가이국(甲斐國)에서 보낸 호두 하찰
좌: '馬'자를 연습한 목간

이조큐(平城宮) 터에서 목간이 처음으로 발견된 이후입니다.

특히 자료가 한정된 일본 고대를 생각하는 데 목간이 큰 역할을 하게 되는 데는 그다지 시간이 걸리지 않았습니다.

목간은 원래 쓰레기이므로 하나하나가 지닌 정보는 많지 않습니다. 다만 역사서나 고문서를 통해 알 수 없는 일상 업무나 생활에 밀착된 사항을 목간을 통해 알 수 있습니다. 이런 내용이 축적되어 새로운 역사를 쓰기도 합니다.

또 기존 자료와 연계해서 글자로 기록되지 않은 중요한 정보를 한 점의 목간을 통해 알 수 있을 경우도 있습니다.

목간에서 어떤 정보를 읽어내고 무엇을 말 할 수 있게 하는지는 목간을 발굴하고 정리하고 해독하고 보관하는 우리 조사자 손에 달려 있습니다. 역사를 복원하기 위한 정보를 제공하는 것이 우리들의 책무입니다.

목간은 만화경 속에서 반짝거리는 빛 알 같은 것. 이 책에서는 그 일단을 무작위로 소개하면서 독자 여러분과 함께 목간을 쓴 사람들을 상상하고 더 나아가 일본사의 한 장면을 엿보려고 합니다.

(渡辺晃宏)

2. 수종(樹種), 서풍, 형태-다채로운 하찰(荷札)

여러 가지 형태의 목간 가운데 특징적인 것을 하나 고르라고 하면 많은 사람이 좌우에 홈이 있는 형태를 고를 것으로 생각됩니다.

목간에 홈을 파는 것은 거기에 끈을 걸어서 무언가에 매달아 쓰기 위해서입니다. 세금으로 납부하는 물품에 매다는 경우 그 목간을 '하찰(荷札)'이라고 부릅니다.

세금이 전국 각지에서 도성으로 납부되면서 하찰도 도성으로 오게 됩니다. 아스카(飛鳥) 후지와라쿄(藤原京)나 헤이조쿄(平城京) 터에서는 수많은 하찰이 출토되었고 북으로는 무쓰(陸奧)에서 남으로는 사쓰마(薩摩)까지 몇 국을 제외한 모든 국명을 확인할 수 있습니다.

고대는 문헌이 적고 그 내용도 도성에서 일어난 일이 중심입니다. 그런데 하찰은 지방의 정보를 전해 주는 매우 귀중한 사료입니다.

예를 들어서 하찰에는 물품명이나 그 수량, 납세자의 주소(구니·고호리·사토)와 인명이 쓰여 있습니다. 물품명으로는 각지의 특산품을 알 수 있고 납세자 주소로는 고대 지명과 그 변천을, 인명으로는 각지의 씨족 분포를 복원할 수 있습니다.

서식이나 서풍, 형태를 자세히 검토하면 지방 지배 실태의 일단도 엿볼 수 있습니다.

하찰을 작성하였으며 징세를 주로 담당한 것은 고호리(대충 지금의 市町村에 해당)였다는 것이 현재 유력한 견해입니다.

또 전국의 하찰을 통람하면 지역에 따른 경향을 볼 수 있습니다.

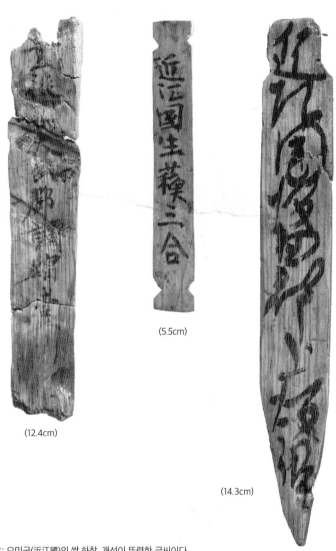

(5.5cm)

(12.4cm)

(14.3cm)

우: 오미국(近江國)의 쌀 하찰. 개성이 뚜렷한 글씨이다.

중: 역시 오미국(近江國) 生蘇의 하찰. 아주 작다.

좌: 분고국(豊後國)의 綿(真綿, 옮긴이 : 누에고치를 편 것) 하찰. 활엽수에 단정하게 글씨를 썼다.

확실한 것은 하찰에 사용된 나무 종류. 대부분은 노송나무인데 산인(山陰) 지방이나 호쿠리쿠(北陸) 지방의 하찰은 삼나무가 많아 지역 식생을 반영한다고 생각됩니다. 다자이후(大宰府)에서 작성한 하찰은 활엽수를 사용하고 아름다운 해서(楷書)를 쓰기 위해 먹이 쉽게 스며들지 않는 목재를 골라 썼다는 지적도 있습니다.

서풍도 지역에 따라 다른 경우가 있습니다. 연구자들도 읽기 어려운 목간이 오미(近江)·하리마(播磨)·사누키(讚岐)의 하찰. 글씨가 서툴다는 뜻이 아니라 오히려 글씨를 잘 쓴 탓에 개성이 강하다는 인상을 받습니다.

하찰의 크기는 대체로 짐 크기에 대응하는 것으로 보이는데, 노시아와비(熨斗鰒, 옮긴이 : 전복을 끈처럼 길게 깎아서 말린 것) 하찰은 길이 30㎝ 이상의 것이 많습니다. 고급 유제품인 소(蘇) 하찰은 모두 길이 5~6㎝ 정도로 작아 조금씩 바친 것으로 보입니다.

그동안의 정설이 수정된 사례도 있습니다. 나라(奈良)시대 초에 지방 행정 조직이 <國-郡-里> 3단계에서 <國-郡-鄕-里> 4단계로 변경되었습니다. 변경된 시기는 문헌자료로 보아 靈龜원(715)년으로 추정되었는데 하찰에 기록된 내용을 조사한 결과, 변경된 시기가 靈龜3(717)년으로 밝혀졌습니다. 하찰이 지방의 실태를 제대로 보여준 것입니다.

(桑田訓也)

3. 하나가쓰오인가 대나무 잎인가

흔히 '옛날에는 종이가 귀중했기 때문에 대신해서 나무에 글씨를 썼다'는 설이 있습니다. 그런데 실은 이는 정확한 해설이라고 할 수 없습니다. 고대 사람들은 나무와 종이의 특성을 잘 알고 양자를 적절하게 나누어 사용하였습니다.

나무의 특징 중 하나는 종이보다 훨씬 두껍다는 점을 들 수 있습니다. 목간의 표면을 칼로 깎아내면 두께가 있는 한 몇 번이나 다시 쓸 수 있습니다. 그래서 예를 들어 나이나 이동으로 인해 수정해야 하는 인사 데이터 관리에는 종이보다 목간이 더 적합합니다.

이러한 수정으로 인해 깎인 대팻밥 같은 나무 조각을 우리는 '삭설(削屑)'이라고 부릅니다. 얇아서 다루기 어려운데 원래 글자가 남아있으면 하나의 목간으로 인정됩니다. 나라문화재연구소에서 보관하는 30수만 점이 넘는 목간 가운데 80% 이상이 삭설로 추정됩니다. 헤이조큐·쿄(平城宮·京)에서 처음으로 1만 점이 넘는 대규모 목간군이 출토된, 식부성(式部省) 목간도 그 주체는 삭설이었습니다. 식부성(式部省)은 관인의 인사를 담당하는 관청입니다.

삭설은 겨우 몇 글자밖에 읽어낼 수 없는 작은 단편이 대부분인데 간혹 30㎝를 넘는 장대한 것도. 때로는 앞뒤 양면에 글자가 있는 진귀한 것도 있어 귀중한 사료이므로 가볍게 다루어서는 안 됩니다.

이 삭설은 흔히 가쓰오부시(가다랑어포)로 비유됩니다. 그런데 원래 '가쓰오부시'는 깎기 전의 덩어리 상태를 가리키는 말로 삭설을 비유

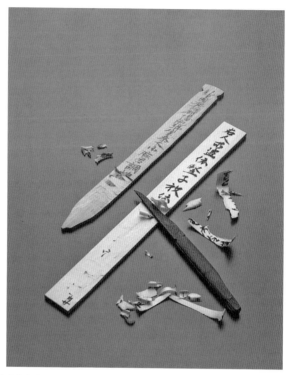

우: 목간을 칼로 깎아내면 삭설에 표면 글자가 남는다.

좌: 최초로 출토된 삭설의 하나로 '대나무 잎'으로 보도된 것.

하는 표현으로는 적절하지 않습니다. 깎은 가쓰오부시는 일반적으로 '게즈리부시'라고 불립니다. 그런데 '삭설은 게즈리부시 같다'라고 하면 틀린 것도 아니지만 딱 들어맞지도 않습니다.

그래서 저는 삭설의 비유로 '하나가쓰오'라는 말을 쓰고 있습니다. '하나가쓰오'는 게즈리부시와 거의 같은 뜻으로 현재 주로 간사이(關西)지방에서 사용되는 것 같습니다. 항상 부스러기(屑)라고 부르는 불쌍한 삭설을 그나마 '꽃'(옮긴이 : '하나'는 꽃을 뜻함)처럼 부르고 싶어 사용하고 있습니다.

삭설은 매우 약해서 나라문화재연구소에서는 삭설이 폐기된 쓰레기 구덩이가 발견되면 안에 있는 흙을 통째로 가져와서 실내에서 신중하게 씻으면서 다룹니다.

한편 이러한 수법이 확립되기 전에 헤이조큐(平城宮) 터에서 처음으로 발견된 토갱SK219 출토 목간(본서 II-8참조) 속에도 실은 삭설이 포함되어 있었습니다.(28쪽 왼쪽 사진) 이 삭설이 발견된 것은 최초로 목간이 출토되고 사흘 후인 1961년 1월 27일. 흙투성이인 현장에서 삭설을 놓치지 않고 제대로 수습한 당시 조사원들의 혜안에 감탄을 금할 수 없습니다.

그런데 이 최초의 삭설은 애초에 '대나무 잎에 글자를 쓴 것'이라고 신문에 보도되었다고 합니다. 쓰고 깎고, 깎고 다시 쓰던 고대인의 목간 활용법을 충분히 알지 못하였던 여명기의 에피소드라고 할 수 있을 것입니다.

(山本祥隆)

4. 목간 사용의 시작

아스카(飛鳥)시대의 역사는 『日本書紀』 등 한정된 사료를 바탕으로 해명되어 왔습니다.

그런데 군평(郡評)논쟁(본서 II-11 참조)에서 볼 수 있듯이 사료의 기술이 반드시 있는 그대로의 역사를 전해 준다고는 할 수 없습니다. 1,300년 전에 버려진 후 출토된 목간의 글자를 다시 쓰는 일은 거의 없으니 특히 사료가 적은 시대의 역사를 연구하는 데 중요한 역할을 하고 있습니다.

지금까지 알려진 자료에 의하면 일본의 목간은 630년대부터 640년대쯤에 등장하였습니다. 연대가 쓰인 목간 가운데 가장 오래된 것은 오오사카시(大阪市) 나니와노미야(難波宮) 터에서 출토된 '戊申年'(648) 목간입니다.

이보다 더 오래된 일본 최고급 목간이 나라현(奈良縣) 사쿠라이시(櫻井市) 야마다데라(山田寺) 터 하층에서 출토되었습니다. 현존하는 문헌으로 보아 야마다데라(山田寺) 부지는 641년에 조성되기 시작한 것을 알 수 있는데 조성토(造成土) 아래에서 발견된 목간이므로 그 이전의 것이라고 할 수 있습니다. 초기 야마다데라(山田寺) 목간은 글씨를 연습한 목간(習書木簡)을 깎아낸 삭설이 많고 글자는 매우 훌륭합니다.

유적의 연대로 보아 거의 같은 시기로 볼 수 있는 목간은 아스카(飛鳥) 주변에서는 우에노미야(上之宮) 유적(사쿠라이시(櫻井市))의 삭설이

(20.2cm)

우: 연대를 쓴 최고의 목간. 오사카시(大阪市) 나니와노미야(難波宮)에서 출토. '戊申年'을 비롯한 많은 글자가 있었다.(오사카부(大阪府) 지정문화재. 오사카부 교육위원회(大阪府 教育委員會) 소장. <사진제공=공익재단법인 오사카부 문화재센터(公益財團法人大阪府文化財センター)>

좌: 나라현(奈良縣) 사쿠라이시(櫻井市) 야마다데라(山田寺) 하층에서 출토된 목간의 삭설. '城'자를 연습한 것을 알 수 있다.

나 사카타데라(坂田寺) 터(나라현(奈良縣) 아스카촌(明日香村))의 '十斤'이
라고 쓴 부찰이 있고 그리고 오오사카시(大阪市) 구와즈(桑津) 유적의
주부(呪符)나 효고현(兵庫縣) 아시야시(芦屋市) 산조쿠노쓰보(三條九ノ
坪) 유적의 '壬子年'(652)이라고 쓴 목간 등이 알려져 있습니다.

출현기라고 할 수 있는 650년대까지의 목간은 현재까지 수십 점
정도이며 좀 더 시대가 늦은 660년대 목간을 포함해도 일본에서 여
명기의 목간은 연대가 명확하지 않은 것을 제외하면 100점 정도밖에
출토되지 않았을 것입니다.

다만 점수는 적다고 해도 여명기 목간은 기록, 습서, 주부, 부찰만
이 아니라 기록이나 습서의 삭설 등 이미 다양한 내용이나 형태의 것
이 포함되어 주목됩니다.

『日本書紀』에 의하면 6세기 후반에 기비(吉備. 현재 오카야마현(岡山
縣))의 고지마(兒島)에 설치된 야마토국가의 지배거점에서는 논을 경
작하는 사람들을 '籍'으로 관리했다고 합니다. '籍'은 '후미타'라고 읽
혔고 이는 '후미이타'가 바뀐 것이며 글자를 쓴 판자를 뜻합니다(옮긴
이 : 일본어로 '후미'는 글자를, '이타'는 판자를 뜻한다).

그렇다면 일본에서 목간을 사용한 시기는 수십 년 더 올라갈 수 있
어 앞으로 발견되지 않을까 기대됩니다.

이러한 목간 사용의 '전사(前史)'를 고려하면 7세기 후반쯤까지 이
미 다양한 목간이 등장한 것, 목간을 깎아서 몇 번이나 사용하는 기
술이 확인되는 것도 이해하기 쉽습니다.

(山本崇)

5. 목간의 세기의 시작

670년대 덴무(天武) 천황 시대가 되자 목간 상황은 일변합니다. 현재까지 그 이전의 목간은 겨우 100점 정도밖에 확인되지 않는데 이 시기 목간은 수천 점에 이릅니다.

또 후지와라큐(藤原宮)의 시대인 7세기 말부터 8세기 초까지 목간은 도성이 있던 나라현(奈良縣) 가시하라시(橿原市)의 후지와라큐(藤原宮) 터나 기내 주변만이 아니라 북으로는 센다이(仙臺)에서 남으로는 규슈(九州) 유적에서도 출토되며 그 점수는 3만 점을 훨씬 넘는다고 합니다.

그러면 덴무(天武) 천황 시대에 왜 목간이 폭발적으로 늘어났는지 그 배경을 생각해 봅시다.

7세기 목간은 을해년(덴무(天武) 천황4(675)년) 이후의 것이 계속 출토되어 이 시기에 목간이 늘어나는 정황을 확인할 수 있습니다.

새로 늘어나기 시작한 목간의 내용은 전국에서 보내온 하찰(荷札)과 관청에서 쓴 문서였습니다. 덴무(天武) 천황부터 지토(持統) 천황시대에 걸쳐 國-評-五十戶(후에 里로 변경)라는 지방행정 조직이 정비되었습니다.

하찰은 특산품을 공물로 도성에 보내거나 도성에서 노동에 종사하기 위해 징발된 사람들의 생활비를 지역에서 보냈을 때 그 짐에 매달았습니다. 도성으로 보내는 짐이 늘어나면서 짐에 매달린 하찰 또한 자연스레 늘어났으리라 쉽게 상상할 수 있습니다.

太寶元年十一月

〔進少初？〕
□
□
□

進少初位
□〔上？〕

701～702(大寶1～2)년 쯤의 삭설

지방과의 관계가 밀접해지는 것과 동시에 관인이 할 일은 양도 늘어나고 또 복잡해져 갑니다. 관인이 명령을 전달하거나 보고하거나 사무 연락을 할 때 문서를 쓰게 됩니다. 쌀의 지급, 매일 일어나는 일들, 그리고 중요한 명령 등 여러 가지 기록도 작성되었습니다.

훨씬 시대가 늦은 헤이안(平安) 시대 초에 덴무(天武) 천황 4년의 명령을 선례로 참조한 사실이 알려져 있습니다. 늦어도 이 시기에는 중요한 명령이 기록으로 보존된 것은 틀림없습니다.

그뿐만이 아닙니다. 대량으로 작성된 기록이 불필요하게 되자 표면을 깎아서 글자를 지우고 새로운 목간으로 재활용하는 경우도 있었습니다. 이 과정에서 많은 삭설이 생겨나게 됩니다.

삭설은 고대 목간 전체의 80% 이상을 차지하는데 제가 조사한 바에 의하면 그 수는 후지와라큐(藤原宮) 시대까지 35,000점, 그리고 나라(奈良)시대 것은 22만 점이 넘습니다. 이 시대에 시작된 목간의 폭발적인 증가는 실은 삭설이 증가하였기 때문이라고 할 수 있습니다.

목간은 덴무(天武) 천황 시대에 본격적으로 꽃을 피워 '목간의 세기' 나라(奈良)시대를 맞이하게 됩니다. 목간의 증가는 문서, 하찰, 삭설의 증가에 의한 것이며 바로 율령제도 도입과 걸음을 같이한 것이라고 할 수 있습니다.

(山本崇)

6. 『日本靈異記』에 보이는 목간

　나라(奈良)시대 사람들은 목간을 어떻게 사용했을까. 실제 모습을 알 수 있는 사료는 그리 많지 않습니다.

　나라 야쿠시지(藥師寺)의 승려인 교카이(景戒. '게이카이'라고도 함)가 헤이안(平安) 시대 초쯤에 편찬한 『日本靈異記』라는 불교설화집에는 당시 민중 생활의 일단이 생생하게 그려져 있는데 거기에 '목간'이 있습니다.

　첫째는 국사(國司)가 사람을 소환하기 위해 심부름을 보낸 사자인 병사가 가지고 있던 4척(약 120cm)의 '찰(札)'. 둘째는 다이안지(大安寺)의 동전(銅錢)에 붙어 있던 '단적(短籍)', 셋째는 교카이(景戒) 자신의 꿈에 나타난 판자로 길이 약 2장(약 6m), 폭 1척(약 30cm) 정도나 되는 큰 것이었습니다.

　이들 '목간'에 대해 봅시다. 가장 알기 쉬운 것은 두 번째 '단적'입니다. 동전의 부찰일 것입니다.

　첫째 4척의 '찰'은 매우 크므로 가지고 다니기 매우 힘들었을 것입니다. 주목되는 점은 국사한테 소환된 남자는 소문(召文)의 내용을 읽지도 않고 바로 소환에 응한 것입니다. 글자를 읽거나 쓸 수 없었을 것으로 생각되는 나라(奈良)시대 사람들은 큰 찰 그 자체에 지배자의 권위를 느꼈을지 모릅니다.

　셋째 큰 판자는 좀 상상하기 어려울지도 모릅니다. 이 판자는 꿈에서 교카이(景戒)한테 나타난 수행자가 가져온 것이며 찰에는 교카이

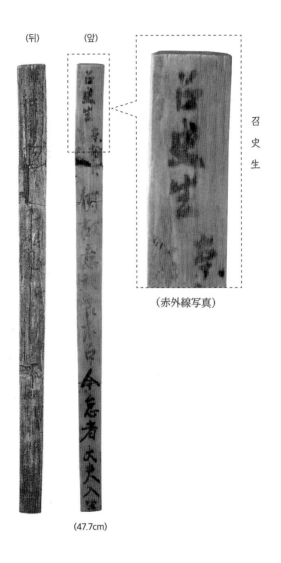

(뒤)　(앞)

召
史
生

(赤外線写真)

(47.7cm)

가스미에노다(香住고ノ田) 유적(효고현(兵庫縣) 도요오카시(豊岡市))에서 출토된 소문(召文) 목간 <사진제공=도요오카시립역사박물관(豊岡市立歷史博物館)

(景戒) 자신이 전생에서 저지른 행동의 선악이 적혀 있었습니다. 또 가장 좋은 일을 한 사람은 석가의 키보다 1척(약 30㎝) 더 큰 1장 7척(약 5m)의 키를 얻을 수 있다고도 하여 판자에는 키 크기를 뜻하는 표시가 있었습니다. 유감스럽게도 교카이(景戒)는 전생에 선(善)을 많이 쌓지 않아 키가 5척(약 1.5m)에 이르지 않는다고 스스로 한탄하였습니다. 5m가 넘는 키라는 설정은 황당무계하지만 선악 행동을 기록한 찰은 분명히 '목간'이라고 할 수 있습니다.

이렇듯 『日本靈異記』에는 장대한 소문(召文), 물품 부찰, 어떤 기록을 쓴 대형 판자가 등장하는데 이것들이 사람들 생활에 밀접한 '목간'이었습니다.

이에 대해 고대 유적에서 출토된 목간을 보면 군사(郡司)의 소환장으로는 50~60㎝나 되는 큰 목간이 사용되는 경우가 있습니다. 『日本靈異記』에 보이는 소문(召文) 크기의 반 정도입니다. 동전뿐만 아니라 여러 물품에 사용된 부찰은 잘 알려져 있습니다. 1m가 넘는 큰 판자에 물품 출납을 기록한 목간도 각지에서 출토됩니다. 크기를 과장하여 표현하였다고 하더라도 설화의 기술과 실제로 출토된 목간은 놀랍게도 잘 대응하고 있습니다.

그런데 하찰은 『日本靈異記』에는 보이지 않습니다. 하찰은 각지의 군이나 향에서 일괄적으로 매달고 도성으로 보냈기 때문에 사람들에게 낯설었을지도 모릅니다.

(山本崇)

7. 헤이안(平安)시대에 없어지는 하찰과 삭설

나라(奈良)시대 역사를 밝히는 데 많은 참고가 된 목간은 헤이안쿄(平安京) 시대에 이르러 급속히 그 수가 줄어듭니다. 현재까지 헤이조쿄(平城京) 천도 이전 和銅 초년까지의 목간이 45,000여 점, 나라(奈良)시대 목간이 26만여 점, 나가오카쿄(長岡京) 시대 목간이 9,800점 이상 확인된 것과 달리 헤이안(平安)시대 목간은 4,000~5,000점으로 생각됩니다. 그다지 의미 있는 숫자는 아니지만 1년당 목간의 수는 각각 643, 3,514, 980, 12점으로 헤이안시대 목간이 격감한 것에 놀라지 않을 수 없습니다.

헤이안(平安)시대 목간은 왜 출토 사례가 적은 것일까요? 수수께끼의 실마리는 목간 출현기의 특징에 있다고 생각됩니다. 고대 목간의 80%는 삭설이며 256,000점이 넘습니다. 그리고 그 증가는 덴무(天武) 천황 시대 후반인 680년대쯤에 시작됩니다(본서 I -5참조). 이른 단계의 목간은 부찰이나 장부가 중심이었던 것에 비해 율령제 도입과 함께 하찰과 문서가 늘어나고 주로 문서에서 생기는 삭설이 많은 비율을 차지하게 됩니다.

그런데 헤이안(平安)시대가 되자 하찰과 삭설은 급감합니다. 헤이안시대 목간을 집성한 결과를 바탕으로 유물이 이야기하는 '사실'을 다음에 열거해 봅니다. 전국에서 보내온 공납물 하찰 가운데 紀年을 적은 것은 현재까지 延曆16(797)년을 마지막으로 발견되지 않습니다. 그뿐만이 아니라 延曆10년대 이후의 하찰은 지방 관청이나 사찰 터

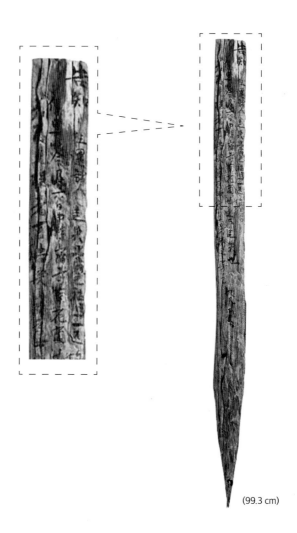

(99.3 cm)

우: 도망간 말을 찾기 위한 고지찰. 820년경. 야마토(大和)에서 야마시로(山城)로 가는 간선도로에 세워졌다.

좌: 고지찰 일부 확대. '告知 往還諸人走失黑鹿毛牡馬一匹…'라고 쓰여 黑鹿毛 등 도망간 말의 특징 과 주인의 연락처가 적혀 있다.

등에서 출토된 것이 많고 헤이안쿄(平安京)에서는 거의 출토되지 않습니다.

또 헤이안(平安)시대의 삭설은 도치기현(栃木縣) 시모쓰케국부(下野國府) 터에서 1,000점 이상 출토되었는데 이외의 유적에서는 수십에서 수백 점에 머무릅니다. 문서목간 자체도 줄어드는 경향이며 고지찰(告知札) 등 게시를 목적으로 한 대형목간이 눈에 띕니다. 대형목간이 거의 그대로 폐기된 것으로 보아 목간을 재활용하지도 않는 것 같습니다.

이렇듯 헤이안(平安)시대에 목간이 줄어드는데 그 요인을 설명하지 못하고 있습니다. 서사 매체가 목간에서 종이 문서로 변화했다는 일반론은 물론 큰 요인으로 볼 수 있지만 간략하다고 해도 나라(奈良)시대 목간과 비슷한 나가오카쿄(長岡京) 단계에서 헤이안쿄(平安京) 천도를 경계로 해서 너무나도 극적으로 변화하는 이유가 매우 궁금합니다.

묘안은 없지만 그 배경에 어떤 정책의 변화를 상정해 두어야 할지도 모르겠습니다. 혹은 후지와라쿄(藤原京), 헤이조쿄(平城京)나 나가오카쿄(長岡京)는 폐절된 후에 대부분 경작지가 되면서 결과적으로 목간이 오래 보존될 수 있었던 것에 비해 헤이안쿄(平安京)는 천년의 도성으로 사람들이 계속 생활하는 도시로 기능해 온 것도 어쩌면 출토된 목간의 수에 영향을 미쳤을지 모르겠습니다.

(山本崇)

II

목간의 발견!
역사의 발견!

8. 목간의 중요성을 결정지은 발견

헤이조큐(平城宮) 터에서 처음으로 발견된 목간과 이에 관한 에피소드를 들려 드리겠습니다.

1961년 1월 24일. 눈이 내리는 추운 겨울날, 나라국립문화재연구소(현재 나라문화재연구소) 제5차 조사가 진행되고 있었습니다.

오후 2시경 한겨울 현장에서 유난히 큰 목소리가 울렸습니다.

'다쿠(琢) 선생님!!

뭔가 글자가 쓰여 있는데-!'

헤이조큐(平城宮) 터에서 처음으로 목간이 출토된 순간이었습니다.

소리를 지른 사람은 데라다 소켄(寺田崇憲. 당시 나라문화재연구소 기술보좌원) '다쿠 선생님'은 현장 담당자인 다나카 미가쿠(田中琢) 씨. 이 다나카 씨는 나중에 나라문화재연구소 소장까지 역임하게 되는데 당시는 아직 20대의 젊은 조사원이었습니다.

발굴 현장은 복원된 제1차 대극전(大極殿)의 바로 북쪽에 있었는데 현재는 대선직(大膳職. 관인에게 주는 급식의 조리 등을 담당하는 관청)으로 추정되는 지구에 해당합니다. 목간은 뒤에 'SK219'로 불리는 쓰레기장(토갱)에서 출토. 이 토갱은 2월 1일에 굴착이 끝났는데 최종적으로 약 40점의 목간이 출토되었습니다.

이 중에는 '1호 목간' 혹은 '사청(寺請)목간'이라고 불리는 목간도 있습니다(사진 왼쪽). '사청(寺請)'으로 시작되는데 어느 절이 팥 등 네 가지 식재를 청구하는 내용입니다. 다만 청구한 관청은 '寺'로만 표

(뒤)　(앞)

(25.9cm)

우: 토갱SK219의 발굴 풍경. 1961년 헤이조큐(平城宮) 터.

좌: '사청(寺請)목간'. 앞면 상부에 '寺請', 뒷면 중앙부에 '쓰쿠바노 묘부(竹波命婦)'의 글자가 선명하게 남아 있다.

현되었습니다.

목간이 출토되었다는 보고를 받은 후, 매일 현장에 찾아갔다는 고대사 연구자 기시 도시오(岸俊男) 씨(당시 교토대학 조교수)는 이 목간에 대해 훌륭한 해석을 제시하였습니다.

즉 함께 출토된 목간 중에 天平寶字6(762)년이 쓰인 하찰이 있는 점, 뒷면에 보이는 '쓰쿠바노묘부(竹波命婦)'를 고켄(孝謙) 태상천황 측근인 여관으로 추정할 수 있는 점 등을 종합하여 '寺'는 홋케지(法華寺)(나라시(奈良市))를 뜻하며 준닌(淳仁) 천황(및 후지와라노나카마로(藤原仲麻呂))과의 대립으로 헤이조큐가 아니라 홋케지(法華寺)에 살고 있던 고켄(孝謙) 태상천황을 위한 식료를 청구한 문서로 간주한 것입니다. 이 견해는 지금도 통설로 자리 잡고 있습니다.

나라(奈良)시대 후반 정치사의 한 장면을 생생하게 말해 주는 사청(寺請)목간을 통해 고대사 연구에서 목간의 중요성을 강하게 인식할 수 있게 되었고, 이후 간행된 보고서에서 사청목간은 '1'번으로 맨 앞에 배치되었습니다. 1호 목간이라고 불리는 까닭입니다.

발굴조사가 무사히 끝났지만, 계절은 봄이 되면서 기온이 점점 높아져 갔습니다. 취약한 목간이 과연 앞으로 다가올 여름의 폭염을 이겨낼 수 있을까... 조사원들의 불안감이 커졌습니다.

그래서 이 목간을 보관하기 위해 나라문화재연구소에서 처음으로 전기냉장고를 구입하였습니다. 흑백텔레비전, 전기세탁기 그리고 냉장고가 3종의 신기(神器)라고 불리던 시대의 이야기입니다.

(山本祥隆)

9. 쓰레기 구덩이가 '표본자료'로

앞 절에서 이야기했듯이 헤이조큐(平城宮) 터에서 처음으로 목간이 발견된 것은 1961년입니다. 그 후 같은 해 나라국립문화재연구소 제7차 조사에서도 우물 SE311에서 목간 2점이 출토되었습니다.

그런데 이후의 발견은 그때까지와는 비교가 되지 않을 정도로 대규모였습니다.

1963년 8월. 기록적인 무더위 속에서 헤이조큐(平城宮) 동쪽 북단 가까이, 현재는 '내리북외곽관아(內裏北外郭官衙)'라고 불리는 지구에서 제13차 조사가 진행되었습니다. 최초의 목간이 눈이 내리는 가운데 출토된 것과 달리 이 현장의 발굴은 뜨거운 땡볕 밑에서 진행되었습니다. 야외 발굴조사의 고생을 단적으로 보여주는 대조적인 모습입니다.

여기서 좀 기묘한 토갱이 확인되었습니다. 평면형은 한 변 약 4m, 얼핏 보면 우물로 생각할 정도로 정교한 방형이었지만 파 내려가 보니 검출면에서 깊이 1.5m 지점에서 토기나 기와, 마게모노(曲物)나 히오기(檜扇) 등 목제품, 식물 종자까지 다종다양한 유물이 많이 출토되었습니다. 잡다한 쓰레기를 일시에 버리고 매립한 쓰레기 구덩이였습니다.

이후 SK820으로 불리게 되는 이 토갱에서는 목간도 많이 출토되었습니다. 그 점수는 무려 약 1,800점!! 헤이조큐(平城宮) 터 출토 목간의 수는 3자리를 넘어 일시에 4자리로 돌입하게 되었습니다. 도저

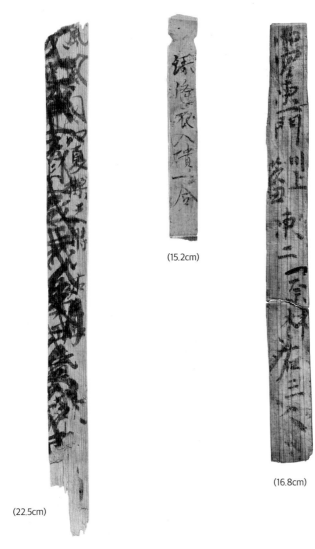

(15.2cm)

(22.5cm)

(16.8cm)

우: 천황이나 그에 다음가는 귀인의 궁전으로 보이는 '西宮'에 관한 사항이 기록된 문서목간.

중: 옷을 보관하는 함(櫃)의 부찰목간. 초록색 옷이 들어 있다고 적혀 있다.

좌: 일부 겹쳐 쓰면서 반복해서 글자를 연습한 습서(習書)목간.

히 냉장고에 수납할 수 없는 규모였습니다.

그런데 지금 돌이켜 보면 연구 여명기에 토갱 SK820 출토 목간과 만나게 된 것은 실로 행운이었다고도 느껴집니다.

첫째로 그 점수. 당시 사람들에게 1,800점이나 되는 목간이 출토된 것은 바로 공전의 사태. 조사원들은 매우 당황하고 고민했을 것입니다. 그런데 그 후에 이어지는 식부성(式部省) 목간의 13,000점, 나가야 왕가(長屋王家) 목간의 35,000점, 이조대로(二條大路) 목간의 74,000점 등을 염두에 둔다면 고생하면서 조사나 보관의 노하우를 구축하는데 딱 알맞은 규모였다고도 생각됩니다.

둘째로 그 내용. 토갱 SK820출토 목간을 보면 여러 종류의 목간이 균형 있게 포함된 것을 알 수 있습니다. 타인과의 통신이나 기록에 사용되는 문서, 물품 관리나 송부에 필요한 부찰, 문자를 연습한 습서. 이들 용법은 고대 목간의 세 가지 주요 용도라고 할 수 있는데 토갱 SK820 출토 목간에는 그 세 가지가 다 있었고 각자 내용도 매우 다양합니다.

목간은 그 형태를 기준으로 총 18가지로 분류된 형식번호 중 하나가 부여됩니다. 이 형식분류도 그 기초는 토갱 SK820출토 목간의 분석을 통해 고안된 것입니다.

지금까지 통용되는 일본 고대 목간학의 기초를 구축한 토갱 SK820출토 목간. 때로는 '하찰 백화점'이라고도 하고 때로는 '목간의 표본자료'라고도 불리는 둘도 없는 자료입니다.

(山本祥隆)

10. 메이지 시대와 전전(戰前)에 발견된 것
- 목간 연구 전사(前史)

1961년에 헤이조큐(平城宮) 터에서 출토된 '寺請' 목간 등은 고대사 학계에 큰 충격을 주었고 그 후의 일본 고대사의 연구 스타일을 크게 변화시키게 되었습니다. 목간이 없으면 고대사 연구를 할 수 없다고까지 하는 경우도 있었습니다.

그런데 목간은 그 이전인 전전(戰前)부터 이미 알려져 있었습니다. 이 절에서는 '목간연구전사'로 1961년 이전에 출토된 목간에 대해 소개하겠습니다.

일본에서 처음으로 출토된 고대 목간은 미에현(三重縣) 구와나시(桑名市) 유이(柚井) 유적에서 출토된 '사쿠라기향(櫻樹鄕)'이라고 쓰인 벼 씨앗의 부찰입니다. 1928년의 일이었습니다.

2년 후에는 아키타현(秋田縣) 다이센시(大仙市)·미사토정(美鄕町)에 있는 성책(城柵) 유적인 홋타노사쿠(拂田柵) 터에서 목간 2점이 출토되었습니다.

아키타(秋田)는 목간 연구 전사에서 가장 중요한 지역이라고 할 수 있습니다. 목간은 다 소실되고 스케치만 남아 있는데 1914~15년 즈음에는 다이센시(大仙市) 이카리(怒) 유적에서, 그 이전의 에도(江戶)시대에도 오가타(小勝田, 기타아키타시(北秋田市) 와키가미(脇神))의 땅속에 묻혀 있던 가옥에서 발견되었다는 목간이 소개되었습니다.

최근 1902년에 발견된 재목에 새겨진 글자의 탁본도 소개되었습

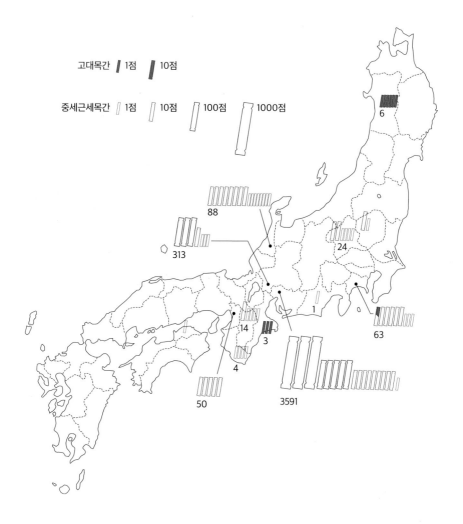

고대목간 ▮ 1점   ▮ 10점

중세근세목간 ▯ 1점   ▯ 10점   ▯ 100점   ▯ 1000점

6

88

313

24

1

14

3

63

4

50

3591

寺請 목간 이전에 발견되던 목간의 출토 분포

니다. 아키타는 예로부터 목간이 발견되는 지역인데 실은 더 많은 고대목간이 '표면 채집'된 지역이라고 할 수 있습니다.

그뿐만이 아닙니다. 나무에 글자를 쓰는 문화는 현재까지도 이어지고 있으므로 고대 이후에도 많은 목간이 사용되었습니다.

실물이 전해지는 목간 가운데 일본에서 최초로 발견된 것은 가가와현(香川縣) 사누키시(さぬき市)에 있는 조후쿠지(長福寺)에서 발견된 무로마치(室町)시대 비축전(備蓄錢) 부찰로 1904년의 일입니다.

그 후 헤이조큐(平城宮) 터에서 목간이 발견될 때까지 약 60년 동안 일본 목간은 4,000점이 넘었을 것으로 생각됩니다. 대부분은 경작 중이나 공사 중에 우연히 발견된 것이었습니다. 그중 고대 목간은 겨우 13점에 불과합니다. 대부분은 가마쿠라(鎌倉)시대 이후의 것이며 98% 이상이 '고케라쿄(柿経)'라고 불리는 1mm 정도의 매우 얇은 나무 조각에 불교 경전을 쓴 것입니다(본서 IV-27참조).

아무튼 본격적인 연구가 시작되기 전에 발견된 목간은 현재 목간 연구에도 중요한 메시지를 전해 줍니다.

당시의 목간은 부찰이 많으며 그외 아키타(秋田) 홋타노사쿠(拂田柵) 터에는 문서목간이나 각서(刻書, 바늘이나 못으로 새겨진 글자)도 보입니다.

이에 반해 전국에서 공납된 조용물(調庸物, 쌀, 천 등의 세물)에 매달린 부찰은 당시에는 아직 발견되지 않았습니다. 여기에도 목간의 시대를 넘은 특징이 엿보이는 것 같습니다.

(山本崇)

11. 『日本書紀』의 수식을 간파하다
- '군평논쟁(郡評論爭)'과 목간

1점의 목간이 '군평논쟁(郡評論爭)'이라고 불리는 일본 고대사에서 저명한 논쟁에 종지부를 짓게 되었습니다.

그것은 1967년에 후지와라큐(藤原宮) 터 북변지구에서 출토된 '己亥年十月上球國阿波評松里'라고 쓰인 하찰목간입니다(55쪽 오른쪽). 보소반도(房總半島) 선단에 위치하여 나중에 아와국(安房國) 아와군(安房郡, 지금의 치바현(千葉縣) 미나미보소시(南房総市) 주변)에서 후지와라큐(藤原宮)로 보낸 서력 699년의 하찰이었습니다.

이른바 '군평논쟁'은 大化2(646)년 정월의 대화개신조(大化改新詔)부터 大寶원(701)년 대보령 제정까지 지방행정조직이 역사서인 『日本書紀』에 보이는 '郡'인지 석비 등에 새겨진 금석문 등에 보이는 '評'인지를 둘러싼 것이었습니다.

그런데 논쟁은 거기에 그치는 것이 아니라 대화개신조(大化改新詔)나 『日本書紀』 기재 자체의 신빙성을 둘러싼 것으로 발전해 갔습니다. 699년의 목간은 개신조(改新詔)에는 '評'이라고 되어 있었던 것이 '郡'으로 수식된 것을 명확히 함과 동시에 『日本書紀』의 기술이 후대의 지식으로 수정되었다는 것을 구체적으로 제시하였다는 점에서 획기적인 발견이라 할 수 있습니다.

그 후 시즈오카현(静岡縣) 하마마쓰시(濱松市)의 이바(伊場) 유적, 후지와라큐(藤原宮) 터나 아스카이케(飛鳥池) 유적(아스카촌(明日香村)), 이

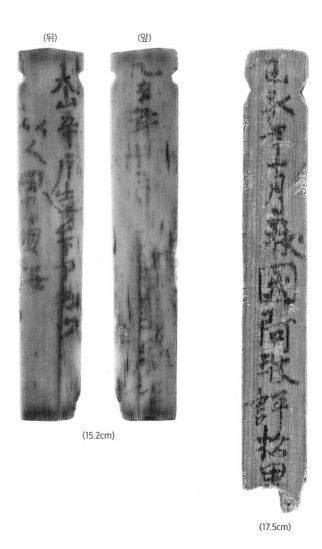

(뒤)　　　　(앞)

(15.2cm)

(17.5cm)

우: '己亥年十月上捄國阿波評松里'라고 쓰인 후지와라큐(藤原宮) 터 출토 목간<사진제공=나라현립
　　가시와라고고학연구소 부속박물관(奈良縣立橿原考古學研究所 付屬博物館)>
좌: 이시가미(石神) 유적 출토 목간(적외선사진). '乙丑年十二月三野國ム下評'(앞면), 大山五十戸'(뒷
　　면) 등이 적혀 있다.

시가미(石神) 등의 유적에서 7세기대 목간이 많이 출토되었습니다. 후지와라큐(藤原宮) 터에서는 '庚子年'(700)의 '評'으로 쓰인 목간도 출토되었습니다. 유례가 늘어도 전국에서 도성으로 보내온 하찰의 표기는 700년까지는 '評', 701년부터는 '郡'으로 예외 없이 대보령(大寶令)으로 인해 郡으로 변경된 것은 확실한 사실로 보입니다.

그뿐만이 아닙니다. 목간을 통해 더 작은 조직인 五十戶에서 里로 변천된 시기도 추측할 수 있게 되었습니다. '사토' 표기가 五十戶에서 里로 변경된 것은 덴무(天武) 천황 10(681)년부터 12(683)년에 걸쳐 진행되었습니다. 그 후 얼마간은 五十戶와 里가 둘 다 보이지만 지토(持統) 천황2(688)년 이후는 里로 통일됩니다. 지하에서 출토되는 목간의 표기를 통해 지방행정제도의 변천을 알 수 있게 된 것입니다.

評이나 五十戶의 기술과 관련된 것으로 '乙丑年十二月三野国厶下評大山五十戶'(후대의 미노국(美濃國) 무기군(武儀郡) 오야마향(大山鄕). 현재 기후현(岐阜縣) 도미카정(富加町) 부근)라고 쓴 덴지(天智) 천황4(665)년의 목간이 2002년에 이시가미(石神) 유적에서 출토되었습니다(사진 왼쪽). '國-評-五十戶'제를 보여주는 현재로서는 가장 오래된 목간이며 그 연대는 최초의 호적으로 추정되는 경오연적(庚午年籍)보다 올라갑니다. 이 목간을 통해 사토 탄생을 둘러싼 그동안의 연구 성과를 크게 달리 보게 되었을 뿐만 아니라 대화개신조(大化改新詔) 평가까지 영향을 미치게 되어 주목을 끌고 있습니다.

목간은 특히 사료가 적은 7세기 역사를 밝히기 위해 없어서는 안 되는 사료로 중요한 역할을 하고 있습니다.　　　　(山本崇)

12. 후지와라쿄(藤原京) 조영 과정의 해명

후지와라쿄(藤原京)는 일반적으로 694년에 '천도'했다고 합니다. 그러면 도성 조영은 언제부터 시작되었을까요?

『日本書紀』에 따르면 덴무(天武) 천황5(676)년에 '新城'에 도성을 만들고자 했다고 합니다. 그런데 그 범위에 있는 전원은 다 황폐되어 버리고 결국 도성이 되지 않았다고 전합니다.

그 후 天武 천황11(682)년 3월에는 관인이 '新城'에 파견되고 뒤이어 천황이 行幸합니다. 다시 2년 후인 덴무(天武) 천황13년 3월에는 천황이 '京師'를 순행하여 '宮室의 地'를 정했다고 하므로 이때까지는 도성 계획이나 천황의 거소가 정해진 것 같습니다.

도성 조영은 덴무(天武) 천황의 죽음으로 일시 중단되었지만 지토(持統) 천황 시대에 재개되어 드디어 '遷都'하는 날을 맞이하게 됩니다.

『日本書紀』가 말하는 도성 조영 과정은 후지와라큐(藤原宮) 터에서 출토된 목간으로 뒷받침되었습니다. 후지와라큐(藤原宮)의 중심이라고 할 수 있는 대극전(大極殿) 바로 밑에는 폭이 6m, 확인된 것만으로도 남북 570m나 되는 큰 규모의 구(溝)가 패어 있었습니다.

이 구는 도성 조영에 필요한 물자 운반을 위해 판 인공 운하로 추정되는데 여기서 '壬子年'(덴무(天武) 천황 11년)부터 '甲申年'(동 13년)까지의 기년이 적힌 목간과 덴무(天武) 천황 14년에 제정된 '進大肆'라는 관위를 적은 삭설이 출토되었습니다. 목간의 연대는 덴무(天武) 천황 11년쯤에 본격화된 것으로 생각되는 도성 조영 시기와 일치하여

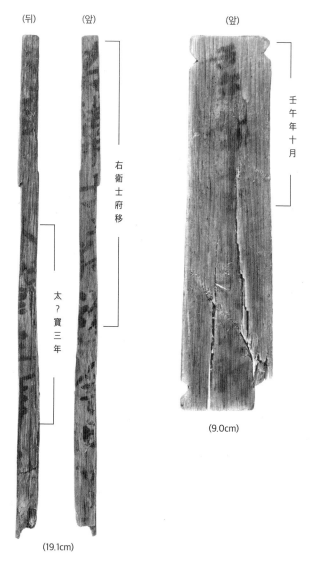

(뒤)　(앞)　　　　　(앞)

右衛士府移　　壬午年十月

太?寶三年

(9.0cm)

(19.1cm)

우: 후지와라큐(藤原宮) 조영 시 운하 터에서 출토된 목간
좌: 후지와라큐(藤原宮) 터의 조당원 동면 회랑 동남 구석에서 출토된 목간

목간은 도성 조영과 관련되는 것으로 생각됩니다.

도성 조영은 '遷都' 이후에도 계속되었습니다. 대극전(大極殿)은 몬무(文武) 천황 2(698)년 정월에는 사용되었고, 그 남쪽에 늘어서는 조당(朝堂)도 大寶원(701)년 정월에 등장하므로 궁의 중추부는 이 무렵까지 완성된 것으로 생각됩니다.

그런데 조당(朝堂)을 둘러싼 회랑의 건설은 늦어진 것 같습니다. 동면 회랑을 조영할 때 파였다가 그 완성과 같이 메워진 구에서 '□(大?)寶三年'이라고 적힌 목간이 출토된 것입니다(58쪽, 왼쪽 사진). 이를 통해 조당을 둘러싼 구획의 공사는 大寶3(703)년 이후에 이루어진 것을 알 수 있습니다.

이처럼 후지와라큐(藤原宮) 터에서 출토된 목간은 도성 조영이 덴무(天武) 천황 시대부터 시작되었다는 것과 천도 후 10년이 지난 大寶 연간에도 아직 조영이 계속되고 있었던 것을 밝혔습니다.

그런데 최근에 후지와라쿄(藤原京)는 大寶4(704)년 까지 완성된 부분만을 경역(京域)으로 정하고 이후 후대에 헤이조쿄(平城京)로 불리는 새로운 도성의 건설을 모색하기 시작한 것으로 보는 연구자도 있습니다. 중추부인 조당원 동편 회랑이 준공되었을 즈음의 일입니다. 그렇다면 후지와라(藤原)의 도성은 건설되고 있는 '미완의 도성'이라 할 수도 있어 목간이 역사서에는 보이지 않는 후지와라쿄(藤原京) 조영 과정에 새로운 논점을 제공해 주었다고 할 수 있습니다.

(山本崇)

13. 나가야왕(長屋王) 저택을 결정지은 관청의 편지

'군평논쟁'을 종결짓거나(본서Ⅱ-11 참조) 니에(贄, 천황의 식재) 공진의 실태를 알 수 있게 된 것처럼 (본서Ⅴ-34 참조) 문헌 자료로 알 수 없었던 사실을 알 수 있게 된 것은 새로 출토된 목간의 눈부신 활약 덕분입니다. 그런데 목간은 문자 자료 이전에 고고자료로서의 성격을 동시에 가지고 있습니다. 유적에서 출토된 자료로서 그 해명에도 큰 역할을 합니다.

목간이 유적을 규명하는 데 가장 큰 도움이 된 사례는 헤이조쿄(平城京) 좌대신(左大臣) 나가야왕(長屋王, 676?-729) 저택에서 발견된 목간에서 볼 수 있습니다. 모반의 죄를 쓰고 729년에 자해한 비극적인 재상의 저택, 그 정치적인 사건의 장소를 바로 눈앞에서 볼 수 있게 된 것입니다. 그 결정적 증거가 '나가야왕가(長屋王家) 목간'이라고 불리는 35,000점에 이르는 일대 목간군의 발견입니다. 1988년의 일입니다.

나가야왕가(長屋王家) 목간이 목간 연구에서 지니는 의의는 다시 소개해 드리기로 하고(본서Ⅲ-18) 여기서는 주인을 나가야왕(長屋王)으로 특정할 수 있었던 근거에 대해 생각해 보고자 합니다. 나가야왕가(長屋王家) 목간이라고 하면 가장 먼저 떠오르는 것이 '長屋親王宮鮑大贄十編' 목간일 것입니다. '長屋親王'이라고 적혀 있는 의미에 대해서는 차치하고 이 나가야왕(長屋王)에게 보낸 전복 하찰이야말로 이

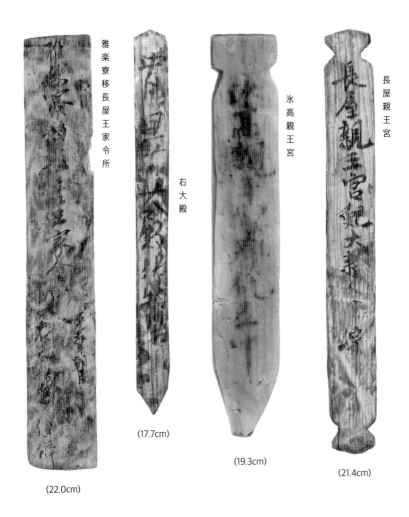

雅楽寮移長屋王家令所

右大殿

氷高親王宮

長屋親王宮

(17.7cm)

(19.3cm)

(21.4cm)

(22.0cm)

나가야왕(長屋王) 저택임을 결정지은 목간(좌)과 나가야왕(長屋王) 저택에서 출토된 수신자가 적혀
있는 목간(오른쪽 3점)

곳이 나가야왕(長屋王) 저택이라는 것을 나타내는 확실한 증거라고 생각할 수도 있습니다.

그런데 그것이 그렇게 간단하지가 않습니다.

나가야왕가(長屋王家) 목간 중에는 실은 이외에도 받는 사람이 명기된 하찰이 포함되어 있었습니다. 하나는 '氷高親王宮'에게 보낸 쌀 하찰입니다. 히다카(氷高) (내)친왕은 715년에 겐쇼(元正) 천황으로 즉위한 여성으로 나가야왕(長屋王) 부인인 기비(吉備) 내친왕의 언니입니다.

또 하나는 '右大殿'에게 보낸 쌀 하찰입니다. 미기노오토노(右大殿)는 우대신(右大臣)을 뜻하며 헤이조(平城) 천도를 주도한 후지와라노후히토(藤原不比等)를 가리킵니다. 나가야왕(長屋王)은 후지와라노후히토(藤原不比等)의 딸도 부인으로 맞이하였으니 역시 나가야왕(長屋王)과 관계가 깊습니다.

만약 '長屋親王宮'에게 보낸 하찰의 출토지가 나가야왕(長屋王) 저택이라는 증거라면 '氷高親王宮'에게 보낸 하찰은 히다카(氷高) 내친왕 저택이라는 근거도 될 것이고, '右大殿'에게 보낸 하찰도 후지와라노후히토(藤原不比等) 저택의 증거가 될 것입니다. 실제로 히다카(氷高) 내친왕을 택지의 주인으로 추정하는 견해도 있습니다. '長屋親王宮' 목간만으로 저택의 주인을 결정지을 수 없다는 것입니다.

그러면 무엇이 나가야왕(長屋王) 저택을 결정짓는 근거가 되었냐면, 그것은 바로 아악료(雅樂寮)라는 관청에서 나가야왕(長屋王) 가령(家令, 親王家 또는 三位 이상의 귀족층에 설치된 家務를 총괄하는 직원)에게 보낸 편지 목간입니다. 당시 편지는 보낸 사람에게 돌아온 뒤에 폐기되는 경우도 있었지만(본서Ⅲ-15 참조) 이곳이 관청일 가능성은 거의 없으므로 이 목간은 나가야왕(長屋王) 집이 아니면 발견될 수 없는 자료라고 할 수 있습니다.

이 목간을 핵으로 여러 목간이 나가야왕(長屋王)으로 수렴되는 모습이 밝혀짐으로써 최종적으로 나가야왕(長屋王)의 저택으로 판단되었습니다.

(渡辺晃宏)

14. '나라쿄(奈良京)'의 발견

나라(奈良)의 도성 헤이조쿄(平城京), 지금 우리는 무심코 이렇게 부르지만 당시에도 그랬을까요? '나라노미야코(나라(奈良)의 도성)'라고 부른 것은 '咲く花の匂うがごとく'라는 『萬葉集』 歌(옮긴이 : 歌 전체는 '青丹よし 寧楽の都は 咲く花の 薫ふがごとく 今盛りなり(青丹가 아름다운 나라의 도성은 꽃 피듯이 지금 성대하다)')를 인용하지 않아도 아마 확실할 것입니다. 그런데 글자로 어떻게 썼는지 알려면 또 다른 문제가 있습니다.

'나라'에는 지금도 '奈良'나 '寧樂' 표기가 있고 '平城'도 '나라'라고 읽습니다. 당시에도 '平城京'이라고 썼을까? 만약 그렇다면 '헤이조쿄'라고 읽었을까? 왜 '나라의 도성'을 '헤이조쿄'라고 부를까요?

和銅원(708)년 천도의 조(詔)에서는 '平城'이 도성으로 적합하다고 적혀 있습니다. 그런데 이는 8세기 말에 성립된 『續日本紀』의 기사이므로 천도 당초부터 '平城'이라고 썼다는 근거가 될 수 없습니다.

도성을 어떻게 표기하였는가에 관해서는 나가야왕가(長屋王家) 목간 중에 실마리가 있었습니다. 나가야왕가(長屋王家) 가정담당부국을 '奈良務所'라고 쓰고 저택을 '奈良宮'이라고 쓴 목간이 있었습니다. '奈良'은 '나라'를 일자일음으로 표기하는 만요가나(萬葉假名. 옮긴이 : 한자의 음이나 훈을 빌려 일본어를 표기한 것) 표기입니다. 이로 보아 천도 직후인 710년대에 이미 '나라'라는 지명이 있었고 지금과 똑같은 '奈良'라고 쓴 것은 확실합니다. 하지만 이것만으로는 도성의 명칭이

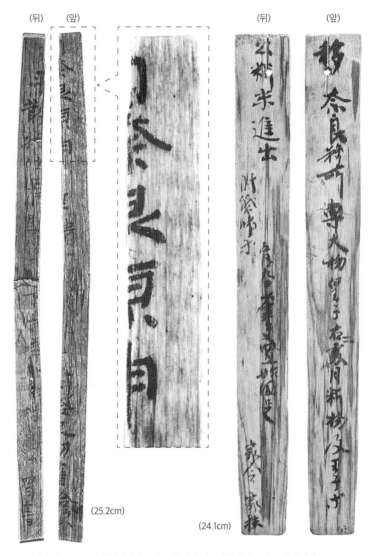

우: 나가야왕(長屋王) 저택 터에서 출토된 목간. 앞면 상부에 '奈良務所'라고 적혀 있다.

좌: 아키시노가와(秋篠川) 옛 유로 터에서 발견된 '奈良京' 목간. 앞면 상부에 적힌 '自奈良京申' 부분의 확대 적외선사진과 전체 앞뒷면

'나라'였다고는 아직 단정할 수 없습니다.

이 문제를 해결하는 실마리는 뜻밖의 장소에서 발견되었습니다. 나라문화재연구소를 개축하는 과정에 이루어진 발굴조사입니다. 나라문화재연구소의 부지는 헤이조큐(平城宮) 서면 중문인 사에키문(佐伯門)을 나와 얼마 지나지 않은 곳입니다. 여기는 아키시노가와(秋篠川)의 옛 유로로 추정되는 강터에 해당하여 이를 부엽(敷葉)공법으로 메운 정황이 밝혀졌습니다.

아키시노가와(秋篠川)는 애초 여기서 남동 방향으로 흘러 헤이조큐(平城宮) 서남부를 비스듬히 가로질렀던 것 같습니다. 헤이조(平城)로 천도할 때 이를 도성 조방 도로를 따라 남북 방향으로 개수하는 큰 토목공사를 단기간에 실시한 것입니다.

목간은 이 옛 유로를 메운 흙에서 출토되었습니다. 천도할 즈음의 목간임은 틀림없습니다. 이를 통해 알 수 있는 것은 '自奈良京申'(奈良京에서 아뢰다)이라는 글자. 세로로 반으로 쪼개져 오른쪽 반만 남았는데 편과 방으로 나누어지는 글자가 아니라 거의 좌우대칭인 자형인 탓에 다행히 문제없이 읽을 수 있었습니다. 주기(籌木, 화장지로 쓰는 나무 조각. 본서 III-17 참조)로 재활용된 목간일 것입니다.

나라(奈良)가 아닌 장소의 도성, 즉 후지와라쿄(藤原京)와 주고받은 목간으로 보입니다. 약을 부탁받은 구사정(駆使丁)의 도망 등 흥미로운 사실을 전해 주고 있습니다. 충분히 판독할 수 없어 안타깝지만 이 목간이 발견되어 천도 당초부터 도성이 '나라노미야코'라고 불린 것을 알 수 있게 되었습니다. '平城'이나 '寧樂'은 이후에 생긴 표기

법이며 '헤이조(헤이제이)'라는 발음도 '平城' 표기에서 비롯된 것으로

볼 수 있게 되었습니다.

　(渡辺晃宏)

Ⅲ

목간
사용법

15. 문서를 감는 「축」도 목간

수신처가 적혀 있는 목간은 유적 성격을 이해하는데 도움이 되는 재료입니다. 이것은 목간의 중요한 역할 중 하나입니다. 하찰목간의 경우, 목간은 짐이 마지막으로 소비되는 장소까지 짐과 함께 운반됩니다. 본서 Ⅱ-13에서 소개한 바와 같이 나가야왕(長屋王) 저택 터에서 나가야왕(長屋王) 이외의 인물이 수신인으로 쓰인 하찰목간이 발견된 것은 이 때문입니다. 하지만 수신처와 전혀 관계가 없는 곳으로 짐이 운반될 리는 없습니다.

그럼 문서목간의 경우는 어떠할까요? 현대라면 편지가 버려지는 곳은 수신처일 것입니다. 하지만 잘못 쓰거나 보내는 것을 잊어버렸을 경우, 편지는 발신인 측에 남아있을 것입니다. 이러한 사정은 고대에도 마찬가지입니다. 다른 점이라면 발신인에게 되돌아오는 경우가 종종 있었다는 것입니다.

소환을 받은 사람은 소환장 목간을 가지고 가서 본인이 왔다는 증거로 삼습니다. 또 청구된 물품이 모두 마련되었다는 증거로 받은 청구 목록 목간을 물품과 함께 가져갑니다. 이러한 예가 자주 있었던 것입니다. 그렇다면 목간이 버려지는 장소는 수신처 혹은 발신처 중 어느 한 곳이 되겠는데, 수신처나 발신처가 쓰인 목간이 많이 발견되었을 경우, 출토지의 성격은 쉽게 판단할 수 있습니다. 문서목간의 움직임은 하찰목간보다 약간 한정적이라고 할 수 있겠습니다.

이와 같이 목간이 수신처와 전혀 관계가 없는 장소에서 버려지는

히고국(肥後國) 병사 명부를 감은 축. 양쪽 횡단면(막대기 우측 상단, 좌측 하단)에 문서의 정보가 기재되어 있다.(길이 32.0㎝, 직경 2.2㎝)

일은 기본적으로 없을 것으로 생각됩니다. 그러나 예외적인 상황도 있었습니다. 그 대표적인 예는 문서축(文書軸) 목간입니다. 지방에서 중앙으로 제출한 장부 형태의 장문(長文) 문서는 막대기 형태의 목제 축으로 심을 만들고 이 심에 문서를 말아서 보내는 것이 관례였습니다. 이때 축 횡단면에 문서에 관한 정보를 기재합니다. 두루마리 문서를 하나하나 펼쳐보지 않아도 내용을 알 수 있게끔 고안한 것입니다. 축을 목간으로 간주하게 된 것도 이러한 이유 때문입니다.

문서 축 목간이 버려지는 것은 감긴 문서의 보관 기간(가장 긴 사례로 호적 30년)이 종료된 후입니다. 하지만 바로 버려지는 것이 아니라 그 전에 문서 뒷면을 이차적으로 사용하게 됩니다. 뒷면 재활용이 끝나고 나서야 비로소 축 목간이 버려지게 된 것입니다.

게다가 뒷면 이차이용에 관해서는 같은 관청에만 한정되지 않았을 가능성이 큽니다. 정창원에 남은 나라(奈良)시대의 호적(戶籍)·계장(計帳)이나 정세장(正税帳) 등 공문서는 이차적으로 이용된 종이로 남겨진 유품이지만 원래는 축 목간에 감겨져 있었을 것입니다. 이는 민부성(民部省) 혹은 중무성(中務省)에 보관되어 있던 축에 감겨진 문서가 직접적인 관계가 없는 관청에 불하되었다는 사실을 보여주고 있습니다.

헤이조큐·쿄(平城宮·京) 터에서는 지금까지 막대기 형태의 축이나 그 단편이 약 20점 정도 출토되었습니다. 히고국(肥後國, 현재의 구마모토현(熊本縣)) 병사 명부(名簿)의 축이 식부성(式部省) 관련 목간과 함께 출토된 것은 이러한 불하의 결과로 볼 수 있습니다. (渡辺晃宏)

16. 깎아서 철저히 재활용

현재 목간은 일본 고대사에서 빼놓을 수 없는 사료이나 의도적으로 남긴 것이 아닙니다. 목간으로서는 이미 그 역할을 마친 후 이른바 쓰레기로 버려진 것입니다.

목간은 결코 특별한 장소에서 발견되는 것이 아닙니다. 생활 잔재(殘滓)로서의 유물은 그 시대의 지면을 덮은 흙이나 지면에 패인 유구에 많이 포함되어 있습니다. 하지만 얕은 곳에 파묻혀 있으면서 젖었다 말랐다를 되풀이하면 유기질은 빠른 시일 내에 분해됩니다. 그래서 목간은 대부분 구(溝)나 쓰레기 투기 구덩이 또는 우물과 같은 그 당시에 지면을 인위적으로 판 깊은 유구에서 출토됩니다. 그리고 생활 자취를 남긴 정지토 속에 남아 있을 수도 있습니다.

어쨌든 지표에 드러나 있지 않은 곳에서 햇빛과 공기로부터 차단된 상태로 지하수에 의해 부식 속도가 늦춰져 비로소 목간은 1400년 동안 남아 있을 수 있었습니다. 그러기에 목간에게 물은 생명의 근원이라고도 할 수 있습니다.

그럼 목간은 어떻게 이러한 유적 속에 들어가게 되었을까요? 간단해 보이지만 그 과정은 사실 아직 잘 알려져 있지 않습니다.

발굴을 통해 발견된 목간 가운데 형태가 완전한 것은 기껏해야 전체의 2~3% 정도입니다. 이외에 부러지거나 갈라진 단편이 1, 2% 정도 있지만 고대 목간 중 전체의 80% 가까이는 사실 대팻밥 또는 가다랑어포로도 비유되는 세편(細片), 즉 삭설(削屑)입니다(본서 I-3 참조).

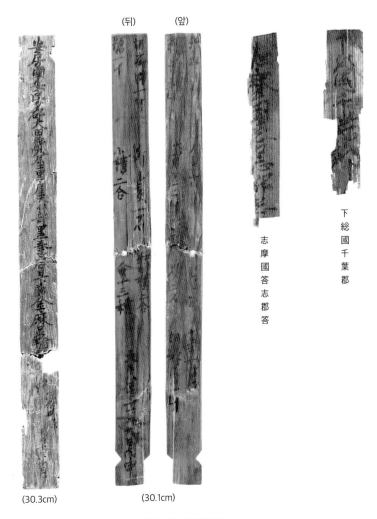

(뒤) (앞)

志
摩
國
答
志
郡
答

下
総
國
千
葉
郡

(30.3cm)   (30.1cm)

우: 하찰을 깎아서 재활용한 것으로 볼 수 있는 삭설(削屑)

중: 홈이 파여 있는 하찰(荷札)을 재활용한 장부 목간. 앞면에 쌀(米), 팥(小豆), 숯(炭) 등 뒷면에 땔
나무(薪), 참기름(胡麻油) 등의 수량이 적혀 있다.

좌: '조'(調)로 납부된 아와국(安房國)의 전복 하찰(荷札). 양단에 홈이 패어 있어 상·하단을 거꾸로
하면 중간의 목간과 형태도 모양도 크기도 비슷하다.

목간 폐기 과정을 고려하면 완전한 형태였던 목간이 어떻게 지금과 같은 형태가 되었는지 그 과정을 생각해 볼 필요가 있습니다.

가장 중요한 것은 목간을 재활용하게 된 계기입니다. 문서목간의 경우, 나무의 장점을 최대한 살려 몇 번이나 깎아서 재활용하였으므로 많은 부스러기, 즉 삭설(削屑)이 생긴 것으로 이해할 수 있습니다. 여러 번 사용한 목간을 일제히 깎아 리뉴얼하는 장면도 상정할 수 있습니다.

한편, 하찰목간은 재활용될 기회가 적은 것으로 알려져 있습니다. 양변에 홈을 파거나 끝부분을 칼끝 모양으로 뾰족하게 하는 특별한 형태, 그리고 애초에 조세를 바치기 위해 만든 작성 의도를 보아도 재활용이 어렵다는 것은 쉽게 이해가 됩니다. 그러나 조세 하찰(荷札)의 삭설(削屑)도 수량은 적지만 출토 사례가 있습니다. 또 하찰(荷札)로서 재활용될 가능성은 거의 없겠지만 관공서의 문서나 기록목간으로 재활용될 가능성은 충분히 있습니다. 홈 부분이 방해가 되면 꺾어버리면 됩니다. 본서 Ⅲ-15에서 소개한 막대기 형태의 축과 같은 특수한 목간도 재활용된 사례가 있습니다.

목간을 철저히 재활용하겠다는 관리의 집념은 우러러봐야 할 것입니다. 그러나 그들에게는 특별한 것도 유별난 것도 아닌, 아주 당연한 습관이었을 것입니다.

(渡辺晃宏)

17. 폐기된 후 화장실이나 제사에서 또 다시 목간을!

목간은 목간으로만 재활용되는 것이 아닙니다. 일찍부터 목간은 세로로 갈라진 상태로 출토된 사례가 있었습니다. 처음에는 폐기된 후 자연적으로 갈라진 것으로 보았는데 좁고 길쭉한 목간이 부러진 것이라면 몰라도 흙의 압력으로 인해 세로로 갈라졌다는 것은 사실 상상하기 어렵습니다. 인위적으로 누군가가 일부러 쪼갠 것으로 보는 편이 훨씬 더 자연스럽습니다.

그래서 일부러 분쇄한 것으로 보는 견해가 제기되었습니다. 즉 기재 내용을 알 수 없게끔 분쇄하여 폐기하였다고 본 것입니다. 하지만 세로로 갈라진 문자를 읽는 것이야말로 목간을 판독하는 데 있어서 참으로 재미있는 일입니다. 분쇄기 역할을 했다는 의견은 그다지 설득력이 없습니다.

그럼 왜 목간은 세로로 쪼개졌을까요? 가장 유력한 가설은 籌木(주기)설입니다. 주기는 배변 후 엉덩이를 닦는 길쭉한 나무편을 말합니다. 전용 주기도 있지만 크기나 모양으로 보아 목간을 쪼개서 사용하는 것이 간편했을 것입니다. 단지 쪼갰을 뿐만 아니라 모서리를 다듬어 아프지 않게 한 주기도 있습니다.

이처럼 이른바 toilet wood(화장실 나무)로 재활용된, 생각지도 못한 목간의 일생이 밝혀졌습니다. 국보로 지정된 헤이조큐(平城宮) 터에서 출토된 제1호 목간, 즉 '寺請'으로 시작되는 목간의 문자 가운데 앞면에서 보면 왼쪽 1/3 정도가 결실되었는데 이 사례를 참고할 수

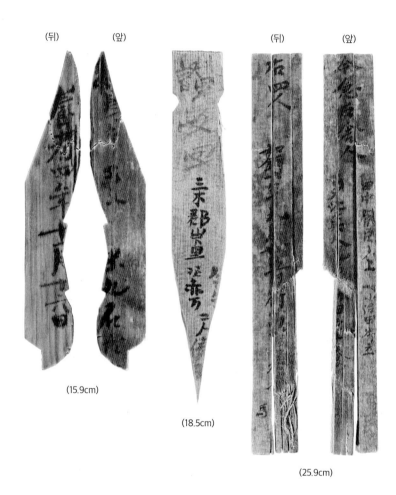

(뒤)   (앞)   (뒤)   (앞)

(15.9cm)

(18.5cm)

(25.9cm)

우: 세로로 3편으로 갈라진 목간
중: 하단을 이차적으로 뾰족하게 하여 이구시(齋串)로 재활용한 목간
좌: 우마가타(馬形)로 다듬어진 목간

목간으로 보는 일본 고대인의 일상

있습니다(본서 II-8 참조).

이와 같이 목간은 반드시 목간으로서만 버려지는 것이 아닙니다. 주기 이외에 다른 용도로 사용된 목간도 있을 것입니다.

헤이조큐(平城宮) 터에서는 목간을 재활용하여 만든 우마가타(馬形, 제사도구의 일종)가 출토되었습니다. 또 더욱 단순하게 한쪽 끝을 뾰족하게 깎은 이구시(斎串)라는 제사 도구로 전용된 사례도 볼 수 있습니다. 문자가 남아 있어도 제사 도구로서의 기능과는 무관한 것입니다.

이구시(斎串)를 이와 같이 한쪽 끝을 깎아 뾰족하게 한 모양은 실은 부찰목간에서는 아주 보편적인 형태입니다. 그렇다면 목간을 그대로 이구시로 사용했을 가능성도 있지 않았을까? 하고 억측해 봅니다.

특히 지방 관공서와 관련된 유적에서는 하천유구에서 제사 도구와 함께 목간이 출토되는 경우가 많습니다. 이러한 유물은 목간으로서 버려진 것이 아니라 이구시(斎串) 등으로 재활용한 것이 많이 포함되어 있지 않을까 싶습니다.

또 한 가지는 목설(木屑)로 투기된 것입니다. 제방이나 도로를 설치하기 위한 기초공사로 나뭇가지를 나란히 까는 부엽공법이 있습니다 (본서 II-14 참조). 이는 물로 인한 침식, 붕괴를 방지하기 위한 것입니다. 또 깊은 구덩이를 메울 때 목설층을 인위적으로 설치하기도 하는데 이것도 같은 역할을 합니다. 이러한 목설에 목간이 대량으로 포함된 경우가 있습니다. 이것도 목간으로서가 아니라 목설로서 재활용된 것이라고 해야 할 것입니다.

목간에 쓰인 문자가 주로 주목받지만 목간의 문자 정보는 목제품으로서의 목간에 쓰인 것일 뿐입니다. 이것이 고고 자료로서 전래된 것이 바로 목간입니다. 이러한 정보를 충분하게 도출해야만 목간이 지닌 역사 자료로서의 가치를 진정으로 살려낼 수 있습니다.

　(渡辺晃宏)

18. 개, 학, 우유도 등장

삭설(削屑)이나 단편이 목간의 다양한 재활용의 산물이라면 완전한 형태로 발견된 목간은 왜 버려진 것일까요?

아직 재활용할 수 있는 목간을 왜 버린 것일까요? 사실 아직 이 문제에 대해서는 명확한 답이 없습니다. 특히 완형품이 함께 대량으로 발견되었을 경우에는 사무 시스템의 갱신이나 대규모 재건축, 이사 등 특별한 사정을 상정할 수밖에 없습니다.

그 중에서도 특이한 사례로 생각되는 것은 나라(奈良)시대 초기의 좌대신(左大臣) 나가야왕(長屋王)의 저택터(나라시(奈良市))에서 발견된 나가야왕가(長屋王家) 목간입니다. 폭 약 3m, 길이 약 27m에 이르는 장대한 구(溝) 형태의 쓰레기 투기 구덩이, 단 하나의 유구에서 그 당시 헤이조큐(平城宮) 터에서 발견된 수량(33,000점)을 뛰어넘는 35,000점에 달하는 목간이 한꺼번에 출토된 것입니다.

방대한 수량과 함께 주목할 만한 점은 귀족의 저택 운영에 관련하여 그전에는 유사한 사례가 전혀 없었던 자료라는 것입니다. 귀족 가정(家政)을 관리한 '가령'(家令)은 실은 국가 관인으로서 위계에 따라 인원수가 다르지만, 일반 관공서와 마찬가지로 사등관(四等官)으로 구성되어 있었습니다(나가야왕가 목간의 시기에 아직 종 3위인 나가야왕의 가령은 장관으로서의 가령과 제4등관으로서의 서리(書吏) 둘만 있었다).

나가야왕가 목간은 나가야왕의 저택을 지탱한 가령이 일한 정소(政所)라고 불리는 조직에서 사용되고 폐기된 목간으로 볼 수 있습니

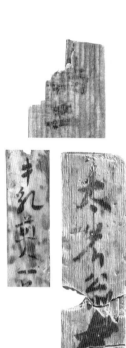

우: 백화점 건설 공사 기한에 쫓기듯이 진행된 나가야왕가 목간 발굴 풍경(1988년).

좌: 전표 목간(모두 일부만 게재). (위)'鶴二' (하단 우) '太若翁犬' 太若翁(오오노 와카오키나)는 나가야왕의 어린 아이로 생각된다. (하단 좌) '牛乳煎人'

다. 출토된 목간 수량이 많기는 하지만 정형화된 형식의 목간이 대다수이며 그 내용은 피지급자, 물품과 수량, 수취인, 날짜, 지급 책임자의 다섯 항목으로 나누어집니다. 보통 이 목간들을 전표(傳票) 목간이라 부르지만 주로 쌀(米)을 지급받기 위한 교환권 역할을 한 것으로 보고 있습니다.

전표 목간을 보면 피지급자가 다양하여 흥미롭습니다. 저택 주민, 가정기관 직원, 가내(家內) 공방 노동자, 저택 방문객 등이 있어 나가야왕 저택의 다양한 활동 모습을 보여주고 있습니다.

그중에도 특이한 것은 새끼를 낳은 개(子生犬)나 학(鶴)에게 지급한 사실을 적은 목간입니다. 애완동물에게도 쌀을 먹였던 것입니다. 개에 관해서는 식용설도 있습니다. 하지만 '若翁犬'에게 지급한 사례가 있고 '若翁'은 귀족의 딸에 대한 존칭으로 생각되므로 나가야왕의 어린 아이들이 기르던 애완동물로 보아야 할 것입니다.

목간에 두 사례 밖에 없는 '우유'(牛乳)가 등장하는 것도 '牛乳持參人'(우유를 배달한 사람), '牛乳煎人'(우유를 끓이는 작업<=연유와 같은 고형 유제품, 소(蘇)의 제조> 종사자)에게 지급한 전표 목간입니다.

전표 목간은 교환이 끝나면 그 후에 문자를 깎아 없애고 재활용된 것으로 생각됩니다. 나가야왕가 목간에는 이렇게 해서 생긴 전표 목간의 삭설 우등품이 다수 포함되어 있습니다. 또 이와 같은 내용을 적은 전표 목간의 완형품도 많습니다.

삭설은 목간 재활용의 부산물이므로 완형품과 공존하였다고는 보기 어렵습니다. 목간을 재활용하려 하다가 그만둘 수밖에 없었던 사정이 있었을까요? 나가야왕가 목간에는 아직도 수수께끼가 많이 남아 있습니다.

(渡辺晃宏)

19. 밝혀진 고대의 문서주의

앞에서 소개한 나가야왕가(長屋王家) 목간 중 특징적인 전표 목간은 목간의 일생이라는 점에서도 흥미로운 자료입니다.

전표라고 하지만 이것은 단순한 지급 기록이 아닙니다. 하루하루의 지급을 나열한 장부 형태의 목간이 별도로 만들어졌는데(그러나 지금 남은 것은 삭설뿐입니다) 개별적으로 지급할 때마다 전표 목간이 만들어졌던 것입니다. 이것이야말로 전표 목간을 식량의 교환표로서 보는 가장 큰 이유입니다. 교환표와 그 발행 메모의 관계로 볼 수 있습니다.

여기서 또 다른 주목할 사항은 전표 목간의 크기와 필체입니다. 크기가 제각기 다르고 필적도 다양합니다. 전표 목간을 발행하는 부서(政所)가 목재를 준비하여 전표 목간을 발행하였다면 당연히 규격을 맞추었을 텐데 그렇지가 않습니다.

그래서 지급받는 쪽이 미리 최소한의 필요 사항(피지급자, 지급품목·수량 등)을 기록한 목간을 준비해 두고 이를 수취인이 정소(政所)로 가져간 다음 날짜와 서명 등은 책임자가 기입한 것으로 상상해 볼 수 있습니다. 실제로는 다양한 작성 방식이 있었을 테지만 결국은 날짜와 정소의 책임자 이름을 기재함으로써 그 유효성이 보장되고 효력을 발휘하게 됩니다.

교환표라는 형태로 정소(政所)에서 정식으로 발행된 전표 목간은 기재된 수취인이 식량 지급 부서(쌀 지급이 대부분이기 때문에 쌀 창고인

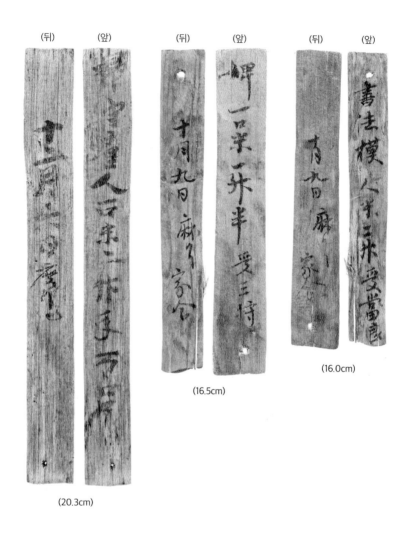

(뒤) (앞) (뒤) (앞) (뒤) (앞)

(20.3cm)

(16.5cm)

(16.0cm)

우: '書法'(한자 자형)을 모사하는 장인에게 지급한 전표 목간.

중: 오른쪽 목간과 같은 날짜·필체이며 '麻呂'(마로)와 '家令'(가령)이 작성한 '婢'(여자 종)에게 지급
한 전표 목간.

좌: '掃守'(청소·시설 설치 담당)에게 지급한 전표 목간.

경우가 많다)로 가져가서 비로소 식량으로 교환됩니다. 전표 목간에 수취인을 기재하는 것은 지참자(=수취인)의 신분증 역할도 하였을 것이며 날짜는 교환의 유효 기한으로도 기능하였을 것입니다.

식량 자체가 수취인에 의해 피지급자에게 제공되는 한편 식량으로 교환되어 지급 담당 부서에 회수된 전표 목간은 끈으로 묶어 보관하였습니다. 전표 목간의 한 쪽에 보이는 구멍이 바로 그 증거입니다. 전표 목간은 그 후 정소(政所)로 반송되어 발행을 따로 기록한 장부 형태의 목간과 대조되었을 것입니다. 이 절차가 끝나면 전표 목간은 역할을 다하였으므로 그 후에는 재활용을 위해 표면을 깎는 일만 남게 됩니다.

이와 같이 전표 목간의 짧으면서도 역동적인 일생을 더듬어보면 전표 목간의 흐름을 통하여 매우 체계적인 식량 지급 관리가 이루어진 것을 알 수 있습니다. 유사한 방식은 8세기 말의 사이다이지(西大寺) 식당원(食堂院 나라시(奈良市)) 목간에서도 찾아볼 수 있지만 나가야왕 저택의 철저함과는 비교가 되지 않습니다.

목간은 문서주의라고 하는 고대 율령국가에서 사무를 운영하는 수단의 하나로 도입·활용되었습니다. 나가야왕가 목간은 그 본격적인 도입이 시작되어 아직 얼마 지나지 않은 헤이조(平城) 천도 직후의 한 귀족의 저택입니다. 사소한 일을 가리키는 대명사로 흔히들 '米鹽'(쌀과 소금)이라고 하는데 목간을 이용한 쌀의 지급부터 관리까지, 견고하면서도 유연한 관리의 철저함에 놀랄 뿐만 아니라 그 방식의 확립 과정에도 관심이 갑니다. (渡辺晃宏)

20. 정창원이 지킨 목간

나라문화재연구소의 선배인 가노 히사시(狩野久) 씨가 정리한 『木簡』(「日本の美術」160, 至文堂)은 현장에서 목간을 다룬 연구자에 의한 뛰어난 해설책입니다. 간행은 1979년 9월. 같은 해 11월에는 목간학회의 학회지 『木簡研究』가 창간되었습니다.

가노 씨는 이 책에 다음과 같은 글을 남겼습니다. '정창원에 전래된 목간을 제외하면 현재까지 알려진 목간은 모두 유적 발굴조사를 통해 출토된 것이다.' 이것이야말로 특수한 사례. 정창원에는 흙에 묻히지 않고 현재까지 전해진 목간이 있습니다. '天平의 보물'이라는 이미지와는 거리가 있지만 이것도 정창원 보물의 일부입니다.

크게 분류하면 (가)문서·기록간이 10여 점, (나)부찰이 약 50점입니다. 그리고 (다)왕래축(往來軸). 이것은 두루마리의 축으로 유적에서 출토된 유사한 유물은 제첨축(題籤軸)이라 불립니다(본서 IV-23 참조). 완성된 전적(典籍)·경권(経巻)에 사용된 정식적인 축이 아니라 실용 본위를 추구하여 만들어진 것입니다. 상단에 제목을 기입할 수 있는 넓은 공간이 있어 두루마리 형태로 감긴 문서를 펴지 않아도 내용을 알 수 있는 인덱스 또는 색인 역할을 합니다. 원래 문서에서 흩어진 것이 62점, 종이문서에 부착된 것이 259점입니다.

가노 씨가 '현재 알려진 목간'이라고 하는 출토 목간 점수는 그 후 놀라울 정도로 증가하였지만 정창원 목간은 새로운 발견에 의해 증가하기는 했어도 그렇게 많이 늘어나지는 않습니다. 수량상으로 정

(뒤)　　(앞)

(37.5cm)

天平20(748)년 봄 사경 사업의 '手實'(사경생이 제출한 업무 실적의 자기 신고서)를 붙여 이은 장부의 축. 앞면에 '廿年春季', '間経手實', 뒷면에 '東西同'이라고 적혀 있다.

축부에 '首万呂 校紙九百張' 등으로 읽을 수 있는 묵서가 상하 거꾸로 남아 있어 사경소에서 사용된 '일반 목간'을 축으로 재활용한 것을 알 수 있다. 뒷면의 '東西同'은 동서 양당의 사경생 수실(手實)을 이어서 같은 두루마리로 말았다는 것을 의미한다. <사진 제공=궁내청 정창원사무소>

창원 전세 목간의 비율이 적어지기만 하지만 전세품과 출토품이라는 기본적인 구도는 변하지 않습니다.

앞서 (다)에서 설명한 제첨축의 80%는 종이와 붙어 있습니다. 이 종이가 바로 고대사를 연구하는데 중요한 사료로 평가되는 정창원문서인데 나무와 종이가 뒷받침하는 사례라 할 수 있겠습니다. 또 제첨축 중에는 사경소(寫經所)에서 '보통 목간'으로 사용된 후 축으로 재활용된 사례가 있습니다. 머리 부분이 큰 모양의 제첨축은 더는 재활용하기에 적합하지 않아 최종 형태라고 할 수 있습니다.

(가)에서 설명한 목간에 대해서는 목간이 제작된 곳과 정창원문서가 작성된 곳이 같은데 그곳은 조동대사사(造東大寺司) 관하의 사경소 주변으로 추정되고 있습니다. 또 (나)의 부찰목간 내용을 살펴보면 정창원 보물의 일부가 적혀있습니다. 이러한 유물 사이의 깊은 관계는 정창원 전세품에만 확인되는 특징으로 일반적인 전세품에서는 보기 어렵습니다.

정창원의 전래품은 모두 같은 보물고에 남아 있는데 사람의 손이 거의 닿지 않는 환경에서 보관되었습니다. 도다이지(東大寺) 대불에 헌납된 물품이 칙봉(勅封)에 의한 엄중한 관리하에 있었다는 사실은 잘 알려져 있습니다.

다양한 유래를 지닌 정창원 보물이지만 어떠한 시간과 공간의 일부가 그대로 남아 있다는 점에서 흙 속에 파묻힌 일괄 자료와 공통점을 가진다고 생각합니다.

(杉本一樹)

21. 나무와 종이의 차이점

나무와 종이. 학사적으로도 중요한 관점이며 본서에서도 잠깐 제시된 주제입니다. 각각 특성이 있는 것은 당연하지만 전세된 목간 실물을 바라보고 있으면 양자가 서사 소재로 서로 연결되었다는 느낌을 받게 됩니다. 흔히 '대립 구도'로 파악하지만 사실 이는 그다지 좋지 않으며 양자는 '마주한 거울'의 관계라고 생각합니다.

두 개의 거울이 잘 비추면 비출수록 전체 모습도 선명하게 드러납니다. 최근 정창원의 섬유 제품에 기재된 묵서를 볼 기회가 있었습니다. 천·비단의 끝에 각지에서 공납된 세금(조·용)이라는 내용이 적혀 있습니다. 성긴 삼베의 경우 상대방이 정확하게 읽을 수 있을지 염려될 만큼 판독하기 어려운 사례가 많습니다. 정창원에는 도다이지(東大寺)의 장원(莊園)을 그린 삼베 지도도 있는데 이것은 크기와 용도로 인해 선택되었을 뿐 일반적으로 서사하는 데는 종이나 나무보다 못합니다. '삼면 거울'에 사물이 비친 사례입니다.

지금까지 저는 업무 관련하여 헤이조큐(平城宮)·헤이조쿄(平城京) 목간과 같은 시대의 종이에 쓴 문서나 경권(経巻), 그리고 인접 분야의 각종 공예품을 접할 기회가 있었습니다. 사람들이 생활하는 데는 원재료를 가공한 종이보다 나무가 더욱 친밀한 존재였을 것입니다. 양손으로 취급할 수 있는 크기의 공예품부터 사람을 감싸는 공간을 구성하는 건축물까지. 친근하고 안정감 있는 소재를 잘라 만든 목간은 사용하기 쉽고 멀리할 수 없는 서사 재료였던 것입니다.

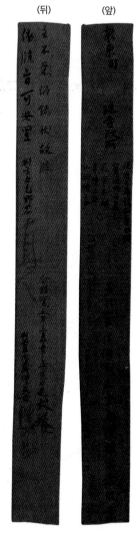

(뒤)　　　(앞)

(길이 51.5㎝, 폭 5.4㎝)

정창원 전래 목간이며 天平勝寶5(753)년 3월 29일에 도다이지(東大寺)에서 개최된 인왕회(仁王會)
에 관한 문서목간. 뒷면에는 '天平勝寶五年三月廿五日'라는 날짜가 적혀 있다. <사진 제공=궁내청
정창원사무소>

가공된 지 1200년 이상 지난 나무의 표면을 손으로 만져본 경험이 있습니다. 바로 정창(正倉)의 안쪽 벽입니다. 창건 당시의 모습이 그대로 남아 있는 창고인데 바깥벽은 햇빛이나 비바람에 노출되어 세월의 흐름을 느낄 수 있습니다.

그러나 안쪽 벽은 전혀 다르다는 것을 정창 정비 공사를 할 때 느꼈습니다. 특히 각재를 쌓아 만든 세 창고 사이의 칸막이로 된 벽은 양면 모두가 실내 공간에 면해 있습니다. 메이지(明治)시대에 설치된 유리문 진열장을 옮긴 후 그 자리에 나타난 벽면의 목재 표면은 전혀 풍화되지 않아 그 매끄러운 마감처리에 놀랐고 동시에 평소에 다루는 공예품이나 용기류와는 전혀 다른 안정감을 느낄 수 있어 고대 사람들이 나무에 기댄 모습을 촉각을 통해 직감하였습니다.

규모의 차이는 있지만 정창원 목간에서도 소재로서의 안정감을 느낄 수 있습니다. 앞절에서 서술한 (가)문서·기록 목간 속에는 天平勝寶 연간(749~757년)의 홋케지(法華寺) 금당진단구(金堂鎮壇具)나 도다이지(東大寺)에서 열린 인왕회(『仁王般若経』을 강설하는 법회)에 관련된 비교적 대형의 목간이 있습니다. 서사자의 붓놀림이 서사면에 충실히 반영되었는데 다양한 필체를 통해 법회가 진행된 순서까지 알 수 있습니다.

다만 종이도 공을 많이 들여 만들었습니다. 역할이 끝난 것처럼 보여도 언젠가 어딘가에 사용될 수도 있습니다. 고민 끝에 '우선' 버리지 않고 남겨두자고 생각할 수도 있습니다. 정창원 문서 등은 이렇게 해서 전해진 것으로 저는 생각하고 있습니다. 나무는 어떠했을까요?

'마음대로 쓰다'가 '버려도 대수롭지 않다'고 생각했을지도 모릅니다.

(杉本一樹)

IV

저것도 목간?
이것도 목간!

22. 추첨인가, 게임인가, 점인가

1963년에 헤이조큐(平城宮) 터 발굴 조사를 통해 발견된 쓰레기 구덩이, 토갱 SK820에서 처음으로 1,000점 이상의 목간이 출토되었습니다. 이 발굴을 통해 고대 목간을 용도에 의해 크게 문서·부찰·습서의 3가지로 나눌 수 있다는 것을 알게 되었습니다(본서 Ⅱ-9 참조).

하지만 사실 목간의 용도와 종류는 더욱 다채롭습니다. 아래에 토갱 SK820 출토품 중 약간 특이한 목간을 소개하겠습니다.

사진에 보이는 목간은 길이가 모두 5~7㎝로 소형이며 糸(실)·綾(능직 비단)·絹(비단)·絁(굵은 실로 짠 허술한 견직물) 등 섬유 제품의 이름과 녹색·청색을 중심으로 하는 색상 이름만이 적혀 있습니다. 상하 양단은 거의 부러진 채로 거칠어져 있고 글자는 잘 썼다고 할 수 없습니다. 이와 비슷한 목간이 토갱 SK820에서 20점 이상 출토되었습니다. 도대체 어디에 사용된 것일까요?

가장 단순한 생각은 섬유 제품을 보관할 때 붙인 꼬리표로 보는 것입니다. 하지만 품목과 색상은 꼬리표를 붙이지 않아도 보면 알 수 있습니다. 그럼 뚜껑이 닫힌 용기에 보관해 둔 것일까요? 그렇다면 홈이나 구멍 등 용기에 달기 위한 끈을 맬 수 있는 곳이 있어야 합니다. 그러나 이 목간에는 그러한 가공 흔적도 보이지 않습니다.

이 수수께끼를 풀 수 있는 열쇠는 여러 개 있습니다. 첫째, 규격성이 있는 형태. 둘째, 필체가 비슷하고 서로 연결되는 목간도 있으므로 모두가 일괄적으로 만들어진 것으로 볼 수 있다는 점. 셋째, 다른

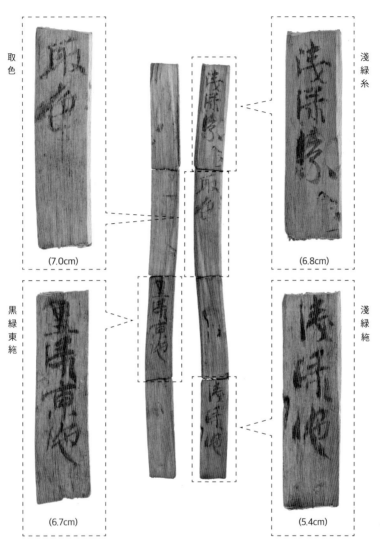

取色
(7.0cm)

淺緑糸
(6.8cm)

黒緑東絁
(6.7cm)

淺緑絁
(5.4cm)

헤이조큐(平城宮) 터에서 출토된 추첨 목간(?). 사진과 같이 목간이 서로 연결되는 사례가 있어 같
은 목재를 분할하여 만든 것임을 알 수 있다.

목간과는 달리 '取色'이라고 쓰인 목간 1점이 포함된 점 등입니다.

이제 눈치 채셨나요? 이 목간은 현재 '제비뽑기 목간'으로 보는 견해가 유력합니다. 자기가 뽑은 제비에 적힌 물품을 받을 수 있었던 것일까요? 그래도 이 '取色'이라고 적힌 목간은 설명을 할 수 없을 듯... 이 목간을 만능키로 본다면 동일한 색상과 제품의 꼬리표를 여러 장 모아 세트를 만드는, 지금의 포커 같은 게임에 사용되었을 것이라는 상상도 할 수 있겠습니다.

한편 그 후에 진행된 헤이조쿄(平城京) 내의 나가야왕 저택지나 사이다이지(西大寺) 구 경내의 발굴조사를 통해 추첨 목간임이 분명한 목간이 출토되었습니다.

나가야왕의 저택지 출토 목간에는 '此取人者盜人妻成'(이것을 뽑는 자는 도둑의 처가 된다)라고 쓰여 있습니다. '인생 게임' 할 때 사용된 것일까요? 그렇다면 이 목간은 '꽝'이겠네요.

사이다이지 구 경내에서 출토된 목간에는 '大律師成'(대율사가 된다), '沙弥尓成'(사미가 된다), '我鬼成'(아귀가 된다) 등 불교와 관련된 신분이 기록되어 있습니다. 스님도 때로는 휴식이 필요했던 것일까요, 아니면 진심으로 자신의 미래와 내세를 점쳤던 것일까요?

추첨 목간의 배후에는 텐표(天平)시대 사람들의 소박한 일상이 숨 쉬고 있습니다. 거기서 엿볼 수 있는 그들의 모습은 의외로 지금의 우리와 크게 다르지 않다고 느껴집니다.

(山本祥隆)

23. 일상 업무를 전달하는 제첨축

갑작스럽겠지만 질문입니다. 101페이지 사진의 오른쪽 목간은 어떻게 사용된 것일까요?

독특한 모양이 정답의 힌트입니다. 잘 보면 하단이 부러져 있습니다. 원형을 유지하고 있지 않은 거죠.

또 하나, 큰 힌트. 이 목간은 원래 101페이지 사진의 왼쪽 목간과 같은 형태였다고 합니다. 이제 아시겠죠? 본서 Ⅲ-20에서 정창원 전래 목간의 제첨축을 소개하였는데 그 제첨축의 단편입니다.

두루마리 문서의 축으로만 사용하였다면 보통의 막대기여도 충분하겠지만 상단의 넓은 부분에 문서의 제목 등이 기록되어 있습니다. 그러면 두루마리를 펼치지 않고서도 내용을 확인할 수 있습니다. 지금으로 말하자면 제목이 적힌 책등이나 파일의 견출지 같은 것으로 묵서가 축의 기능을 강화한다고 할 수 있습니다.

고대 종이의 틀 크기는 세로 1척 (약 30㎝) × 가로 2척인데 가장자리를 재단하여 작성되었으므로 세로 길이는 27~28㎝ 정도가 표준이었습니다. 사진 오른쪽 목간의 축부는 현재 약 3.7㎝이므로 원래는 적어도 25㎝가량 더 긴 형태였을 것으로 생각됩니다.

이 제첨축과 같은 기능을 지닌 목간으로 본서 Ⅲ-15에서 소개한 '棒軸'(막대기 축)이 있습니다. 막대기 축은 원통형으로 깎아낸 축의 횡단 부분에 문서명 등을 기재한 것입니다.

한편 양자는 차이점도 있습니다. 막대기 축은 횡단면에 놀라울 정

(뒤) (앞)

(뒤) (앞)

(9.0cm)

(38.9cm)

우: '從常宮/請雜物', '二年'이 기재되어 있다. 內裏(常
　　宮)로부터 물려받은 수취(청구) 기록의 축.

좌: '諸司移', '神護景雲/三年'이 기재되어 있다. 여러 관
　　공서로부터 받은 문서를 붙여 이은 두루마리 문서
　　의 축.

IV. 저것도 목간? 이것도 목간!　　**101**

도로 섬세한 문자를 꼼꼼하게 쓰는 등 깔끔하게 다듬어진 우수품이 많이 보입니다. 반면 제첨축은 제목을 적는 제첨부가 넓어 쓰기 쉬울 텐데도 불구하고 조잡스러운 글이 눈에 뜨입니다(사진 오른쪽 제첨축도 뒷면은 연호를 생략하고 '二年'이라고만 기록되어 있습니다). 이로부터 봉축은 지방에서 중앙으로 상신하는 정식 공문에 사용되었고 제첨축은 관공서에서 일상적인 문서 관리에 사용된 것으로 추정할 수 있습니다.

한편 제첨축 가운데 제첨 부분을 공들여 만든 것도 있습니다. 사진 오른쪽 제첨축은 상단이 둥글게 다듬어져 있습니다. 덴표(天平)시대 사람들이 심혈을 기울여 만들었기 때문일까요?

그런데 제첨축은 오른쪽 사진처럼 축부가 결실된 상태로 출토되는 경우가 많고 왼쪽 사진처럼 완전한 형태로 출토된 사례는 드뭅니다.

왜일까요? 축이 폐기된 시점은 거기에 감긴 문서가 필요 없게 된 다음일 것입니다. 한편, 종이 문서는 뒷면을 재활용합니다. 혹시 문서가 필요 없다고 판단된 시점에서 제첨부는(혹은 그 증거로?) 절단되었을 가능성도 있습니다. 그렇다면 문서 사용이 완전히 끝난 후에 버려진 축부와는 폐기 타이밍이 어긋납니다. 완형으로 버려진 것이 오히려 예외인 셈입니다.

제첨축은 종이 문서와 목간을 연결하는 다리 역할을 합니다. 이 제첨축은 고대 문서 행정의 일단도 내비쳐주고 있습니다.

(山本祥隆)

24. 마게모노(曲物)에 남아 있는 장인과 관인의 시선

목간이라고 하면 관공서 사이의 연락이나 사람 호출 등에 사용된 문서목간, 물품에 첨부된 하찰이나 부찰, 또는 문자 연습(習書) 등 '문자'에 중점을 둔 것이 많습니다.

한편, 나무로 만들어진 도구에 문자가 기재된 것도 있는데 이것도 넓은 의미의 목간에 포함됩니다. 여기서는 나무 재질의 도구에 남겨진 문자에 대해 주목해 보겠습니다.

나라(奈良)시대의 나무 제품 중에는 '마게모노'(曲物)라는 용기가 있습니다. 한자를 보아도 알 수 있듯이 나무를 '구부린 것'입니다. 얇은 나무 판재를 1매 둥근 형태로 구부리고 벚나무 껍질을 철끈(이른바 화피(樺皮))으로 삼아 그 끝부분을 매어 용기의 측판으로 만들었습니다. 현재도 백화점의 일식 그릇코너에서 마게왓파('曲げわっぱ') 혹은 멘파('めんぱ')라는 이름으로 판매되고 있습니다.

나라(奈良)시대의 마게모노에는 바닥판(또는 덮개 판)에 먹으로 문자를 쓴 것이 있습니다. 내용은 다양한데 주인으로 보이는 '細万呂' 등 인명이 써져 있는 경우가 있습니다. 또한 각서(작은 칼 등으로 새겨 쓴 문자)로 '益万呂' 등 인명을 쓴 것도 있습니다.

사진으로 확인해 보면 이러한 문자 중 대부분은 나뭇결과 같은 방향으로 쓰인 것을 알 수 있습니다. 일반적인 목간도 대부분은 가늘고 긴 단책형 판재에 문자가 세로로 기재되어 있어 역시 나뭇결 방향에 맞추어 문자를 쓰는 것이 보편적이라는 것을 알 수 있습니다.

화피(樺皮)로 꿰맨 자리를 정면에 두고 마게모노를 보면 '秦身万歲福'이라는 글자가 나뭇결에 따라 쓰인 것을 알 수 있다. (직경 17.6㎝)

그럼 현대에는 어떻게 마게모노를 제작하는지 살펴봅시다. 먼저 얇은 나무판을 삶거나 데치거나 하여 열처리를 합니다. 이로 인해 나무가 부드러워지고 사람 힘으로 구부릴 수 있게 됩니다. 다음으로 긴 판자를 둥글게 구부리고 겹쳐진 부분을 화피로 꿰매어 고정시킵니다. 이렇게 원통 모양으로 가공된 판재에 바닥 판을 끼우면 마게모노가 완성됩니다.

마게모노를 만드는 장인에게 여쭤봤더니 마게모노는 화피로 꿰맨 부분이 정면이라고 가르쳐 주셨습니다. 또 바닥판을 끼우는데도 규칙이 있다고 합니다. 화피로 꿰맨 부분을 정면으로 두고 바닥 판은 나뭇결이 가로 방향이 되도록 끼운다는 것입니다. 화피로 맨 부분에 힘이 집중되지 않도록 하기 위한 궁리라고 합니다.

이러한 관점에서 나라(奈良)시대의 마게모노를 다시 보면 확실히 이 규칙에 들어맞는 것이 많다는 것을 알 수 있습니다. 고대 마게모노 장인도 아마도 같은 방식으로 만들었을 것입니다.

그러나......이상합니다. 마게모노의 정면과 쓰인 문자의 방향이 일치하지 않는다는 것입니다.

혹시 일상적으로 목간에 문자를 쓰는 관인들은 무의식적으로 나뭇결 방향에 맞추어 문자를 쓴 것이 아닐까요. 목간에 문자를 쓰는 일을 하는 사람들의 일종의 직업병이라고 말할 수 있을지도 모르겠네요. 평상시 사용하는 마게모노를 통해 나라(奈良)시대 장인의 시선과 관인의 관점의 차이를 엿볼 수 있습니다. (浦蓉子)

25. 나무의 특성과 목간의 기능

고대 목간의 용도는 본서 II-9등에서도 언급했듯이 문서목간(편지나 장부), 부찰목간(조세로서의 물품 꼬리표(하찰) 혹은 보관용 라벨(부찰)), 습서목간(문자 연습이나 발초, 낙서 등) 등 3종류로 나눌 수 있습니다. 그러나 이 3종류에는 포함되지 않는 다양한 목간이 있습니다.

앞서 소개한 것 가운데는 마게모노에 문자가 쓰인 것(본서 IV-24), 그리고 종이 문서의 축(막대기 모양의 축과 제첨축 등. 본서 III-15·20, IV-23) 등이 대표적인 사례입니다. 이밖에 예를 들어 종이 편지를 끼우기 위한 봉함목간, 키홀더 목간, 축에 감은 문서를 보낼 때 사용된 문서 상자 목간 등도 보기에는 목간답지 않지만, 문자가 쓰인 나무 조각이라는 목간의 정의에 따른다면 틀림없이 목간입니다.

그 형태는 실로 다양합니다. 그러나 목간의 역할이라는 관점에서 다시 보면 공통점이 있다는 것도 알 수 있습니다. 목제품의 기능을 별도로 가지고 있으면서 거기에 문자가 기록되어 있다는 점입니다.

이들은 모두 문자가 쓰여 있지 않아도 목제품의 기능을 다 할 수 있습니다. 그러나 거기에 문자를 새로 기입함에 따라 소유자나 수신처·자, 발신처·자, 용도, 문서 내용(이들은 모두 목제품의 속성으로 간주할 수 있습니다) 등이 명료해집니다. 즉, 문자로 목제품의 속성을 명시함으로써 그 기능이 강화된 것으로 볼 수 있겠습니다.

이를 목간의 한 유형으로 묵서 목제품이라 일괄할 수 있습니다. 그런데 한발 나아가 생각해보면 부찰목간은 사실 묵서 목제품이라는

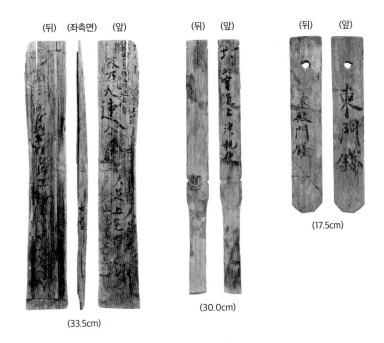

(뒤) (좌측면) (앞)　　(뒤) (앞)　　(뒤) (앞)

(17.5cm)

(30.0cm)

(33.5cm)

우: 동문의 키홀더 목간. '鑰'(鑰)은 빗장을 여는 열쇠.

중: 편지를 사이에 끼워서 보내는 봉함목간. 앞뒷면을 2매로 갈라 그 사이에 편지를 끼우고 끈으로 맨 다음 그 위에 '封'(봉)이라고 써서 봉을 한다. 수신처·자(이 목간의 수신처는 '北宮')나 발신처·자(이 목간은 '津稅使')를 쓴 사례도 있다.

좌: 축에 감은 문서를 송부할 때 사용된 문서 상자의 뚜껑 목간. 문서 상자의 기능과 관련된 내용('伊勢國少目大倭生羽進上')이 남아 있을 뿐만 아니라 여백에 다양한 습서(習書)가 있다.

목간과 매우 유사한 기능을 가지고 있습니다.

즉 부찰목간의 기재 내용은 조세 또는 보관품의 내용을 명기하여 속성을 표시하므로 묵서 목제품의 묵서와 같은 역할을 한다고 볼 수 있습니다.

이처럼 목간의 기능이라는 측면에 주목해 보면 두서없이 보이는 목간의 세계이지만 깔끔하게 정리할 수 있다는 것을 알 수 있습니다. 결론만 말하자면 의사 전달 목간(문서목간), 속성 표시 목간(부찰목간·묵서 목제품), 문자 표기 목간(쓰는 행위 자체에 목적을 둔 목간. 습서·낙서 목간)이라는 새로운 분류가 가능합니다.

더욱 흥미로운 것은 이들이 나무가 지닌 세 가지 특성과 연결된다는 점입니다. 의사 전달은 여러 번 재활용할 수 있다는 반복성에, 속성 표시는 단단하고 부서지기 어렵다는 견고성에, 문자 표기는 주변에서 쉽게 구할 수 있다는 간편성에 대응됩니다.

고대 사람들은 나무의 이러한 특성을 잘 알고 있었기에 묵서 소재로서 나무와 종이를 용도에 따라 자유자재로 구사할 수 있었던 것입니다.

(渡辺晃宏)

26. 주술에 관한 의미 탐구

목간은 옛날 사람들이 쓰레기로 버린 것이라고 합니다(본서의 머리말, Ⅱ-9, Ⅲ-16 등 참조). 대부분 목간은 그렇지만 그중에는 의도적으로 묻었거나 소원을 빌거나 한 것도 있습니다. 여기서는 쓰레기로 버려진 것이 아닌 목간에 대해 소개하겠습니다.

사진에 보이는 목간에는 문자 이외에 부록(符籙)이라고 불리는 주술 부호가 쓰여 있습니다. 이른바 부적(呪符) 목간입니다. 하지만 부적(呪符) 목간은 문서, 하찰·부찰, 기타로 크게 분류되는 목간 중 기타로 분류되는 경우가 많으므로 목간 연구의 중심이라고는 하기 어렵습니다. 그러나 저는 이 분류에 의문을 품고 있습니다. 조금 구체적으로 의논해 보겠습니다.

예를 들어 '나는 당신을 사랑합니다'라고 쓴 목간은 편지 목간으로 간주되며 문서목간으로 분류됩니다. 그럼 '나는 병이 치유되기를 바란다'라고 적은 목간은 어떨까요. 이러한 기원이나 소원을 적은 목간은 상대가 인간이 아니라 신불을 대상으로 하는 경우가 많으며 또 문자 이외에 주술적인 부호가 쓰인 사례도 많아 부적(呪符)으로 분류됩니다. 질병을 낫게 해달라는 소원과 사랑한다는 마음. 이렇게 본다면 부적(呪符)은 사람들의 궁극적인 의사를(신불에게) 쓴 것이라고 할 수 있습니다. 그런 의미에서 문서목간의 분류에 넣어야 하지 않을까 합니다.

그런데 부적(呪符)의 등장은 일본에서 목간이 출현하기 시작한 7세

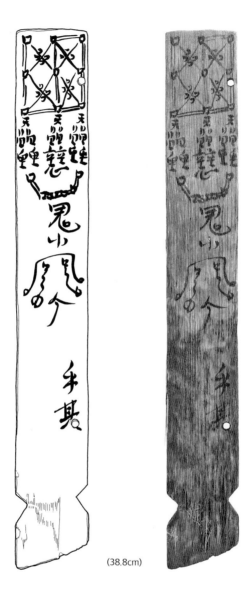

(38.8cm)

후지와라큐(藤原宮) 터 우물 매몰토층에서 출토된 부적목간

기대로 거슬러 올라갑니다. 110페이지의 부적(呪符)은 후지와라큐(藤原宮) 터 우물 매몰토층에서 출토되었습니다. 윗부분의 부호는 중국 고대 서책에 보이는 치수에 관한 기호와 비슷하다는 지적이 있어 수신(水神)에게 보낸 메시지로 볼 수 있습니다. 우물 제사 혹은 이 지방의 치수와 관련된 것으로 생각됩니다.

그러나 이 부적(呪符)처럼 부호의 내용과 출토 상황을 분석하여 그 의미를 추측할 수 있는 사례는 그다지 많지 않습니다. 주술적인 부호의 의미는 해독이 어려우므로 그 의미는 출토 상황과 후세 사료를 토대로 종합적으로 판단해야 합니다. 사진에 게재된 목간도 아래 부분의 부호 의미는 아직 잘 모릅니다.

부적(呪符)을 쓴 대부분의 사람은 그 이름도 전해지지 않고 역사의 무대에 등장하지도 않습니다. 다만 그들의 마음속 깊은 곳에서 솟아오른 열망을 부적(呪符)이나 주술 부호에 담았다는 것은 쉽게 상상할 수 있습니다. 그들은 무엇을 기도하고 무엇을 원했을까. 부적(呪符) 목간을 접하면서도 저는 아직 그 마음을 거의 이해하지 못하고 있는데 그것은 1,300년이라는 기나긴 세월을 거쳤기 때문이 아니라 아마도 연구가 부족해 지식이 짧기 때문일 것입니다. 부적(呪符) 목간의 해독을 통하여 고대인의 생각을 이해할 수 있는 날이 올 수 있도록 매일 연구를 하고 있습니다.

(山本 崇)

27. 얇은 판자에 쓰인 '고케라경'

앞에서 다룬 부적 목간에 이어 여기서도 쓰레기로 버려진 것이 아닌 목간을 소개하고자 합니다.

113페이지의 사진에 보이는 목간은 두께 1㎜도 안 되는 아주 얇은 목편에 문자가 기록된 것으로 '고케라경'이라고 합니다. 한자로 쓰면 '柿經'('枾'(감)와는 다른 글자)인데 柿는 나무를 깎아 만든 삭설 또는 얇은 나무판자, 즉 지저깨비를 가리킵니다. 신축 혹은 개장 후 열리는 첫 행사를 일본어로 '고케라 오토시'라고 하는데 이 말은 공사 마지막 단계에 지붕에 있는 지저깨비를 털어서 떨어뜨린 데서 유래되었다고 합니다.

고케라경은 헤이안(平安)시대 말기의 사료에 나타나기 시작합니다. 많이 알려진 사례로 養和元(1181)년 다이라노 스케모리(平資盛)의 몽상(夢想)에 의해 고케라 잎에 반야심경(般若心經) 1,000권을 써서 공양하고 이를 쌀가마니에 넣어 흘려보냈다는 이야기입니다. 사진의 고케라경(113페이지 오른쪽 이미지)은 1974년에 현재 나라 시청이 있는 곳을 발굴 조사할 때 발견된 무로마치(室町)시대 무렵의 사호가와(佐保川) 구 유로의 홍수 퇴적층에서 출토되었습니다. 거의 같은 형태의 목간이 약 9,500점, 근처에서도 약 10,000점 발견되었습니다.

현재까지 고케라경은 아오모리현(青森縣)에서 후쿠오카현(福岡縣)까지 80여 개의 유적에서 출토되었으며 그 수는 116,000점이 넘습니다. 중세 이후의 목간 149,000점 중 고케라경이 80%로 압도적인데

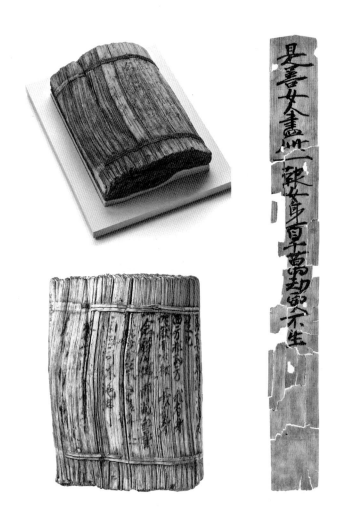

우: 경문을 쓴 '고케라경'

좌: 기요스조카마치(清洲城下町) 유적에서 출토된 쌀가마니 형태의 고케라경에 대나무 테를 끼운
　　사진(위)과 그 측면에 기록된 永享의 연호가 남은 기원문(적외선 사진) (아래)

<왼쪽 2점의 사진 제공=기요스시(清須市) 교육위원회>

실은 그렇게 단순한 일이 아닙니다.

고케라경을 서사하는 데 목간이 얼마나 필요할까요? 가장 많이 서사된 법화경을 기준으로 보면 문자 수는 69,000자를 초과합니다. 경전은 1행 17자로 쓰는 것이 일반적이므로 단면에만 서사한다면 4,000장, 양면에 서사한다면 2,000장 이상이 필요합니다. 경문 한 세트를 서사하는 데 얇은 나무판자가 대량으로 필요합니다.

그것만이 아닙니다. 고케라경 한 세트가 그대로 발견되는 사례는 아주 드뭅니다. 얇은 나무 판재는 땅속에 묻혀 있는 동안 조각나 버립니다. 게재된 사진은 18조각의 작은 파편을 마치 직소퍼즐처럼 나란히 배열한 것입니다. 그 결과 18점의 목간이 1점으로 복원되었는데 복원하기 전에는 작은 조각을 각각 1점으로 계산하였습니다.

최근 아이치현(愛知縣) 기요스조카마치(淸洲城下町) 유적에서 쌀가마니처럼 대나무 테를 끼워 한 묶음으로 만든 고케라경이 출토되었는데, 2,300여점의 파편도 흩어진 채로 함께 출토되었습니다(왼쪽 사진). 절반은 원형이 남아 있습니다. 놀라운 것은 대나무 테로 묶은 고케라경 측면에 기원문과 永享11(1439)년이라는 연도가 기록된 것입니다. 이 고케라경 뭉치는 당시의 모습과 그 시기를 전해주고 있습니다.

고케라경은 추선(追善) 공양을 위하여 작성된 것이라는데 미래에 전하기 위하여 봉납하거나 혹은 저승을 뜻하는 피안(彼岸, 옮김이 : 생사를 헤매는 것을 강이나 바다에 비유하여 저쪽 기슭을 뜻하는 彼岸으로 저승을 나타냄.)에 전달하기 위하여 하천에 흘러내린 것으로 보입니다. 발원한 사람의 소원과는 달리 오랜 세월을 거치면서 땅속에 묻히게 되었

을 겁니다. 경전의 한 문자 한 문자에 사람들의 기도가 엿보이는 것
은 아닐까요?

(山本 崇)

28. 다이조인(大乘院)의 장기알 목간

목간의 정의는 ①발굴 조사에서 출토됨, ②나무임, ③먹으로 문자를 기록함, 이 세 가지라고 합니다. 시대나 지역, 용도 등은 묻지 않습니다. 하지만 실제로는 다양한 것이 포함되어 있습니다.

색다른 목간 사례로 자주 거론되는 것 중 하나가 장기알입니다. 전세품은 목간으로 인정하지 않지만 발굴 조사를 통해 발견된 묵서가 있는 목재 장기알은 훌륭한 목간입니다.

최근 나라현립카시하라고고학연구소(奈良縣立橿原考古學硏究所)에서 고후쿠지(興福寺) 구 경내(나라시(奈良市)) 발굴 조사를 실시한 결과, 11세기 말로 비정되는 '취상'(醉象)이라고 쓰인 장기알이 출토되어 주목받고 있습니다. 취상은 지금의 본장기(本將棋)에는 없는 장기알이며 가마쿠라(鎌倉)시대 이후에 널리 성행하던 대장기(大將棋)나 중장기(中將棋) 등(이 두 장기는 모두 본장기(本將棋)보다 판이 크고 장기알 수가 많다)에서 사용되었다고 합니다. 신비의 베일에 싸여 있었던 헤이안(平安)시대 장기의 실태에 접근할 수 있게 된 소중한 발견이라고 할 수 있겠습니다.

메이지(明治)시대의 사례이지만 나라문화재연구소의 발굴 조사에서도 또 다른 장기알이 출토되었습니다.

출토된 곳은 헤이조쿄(平城京)의 동쪽에 위치한 구 다이조인(大乘院) 정원(나라시(奈良市)) 유적입니다. 메이지(明治)시대의 회반죽을 바른 수조에서 약 20점이 함께 출토되었습니다. 이 장기알의 재미있는 점

상: 고후쿠지(興福寺) 구 경내서 출토된 취상(醉象) 장기알<사진 제공=나라현립카시하라고고학연구소(奈良縣立橿原考古學研究所)>

하: 구 다이조인(大乘院) 정원 출토 군인 장기로 전용된 장기알. 우측상단 (앞)角行 (뒤)中將(2.6㎝), 좌측 상단 (앞)金將 (뒤)中將(2.6㎝), 우측 중간 (앞)飛車 (뒤)少將(2.8㎝), 좌측 중간 (앞) 金將 (뒤)少將(2.6㎝), 우측하단 (앞)(불명) (뒤)大佐(2.3㎝), 좌측하단 (앞)桂馬 (뒤)中尉(2.1㎝)

은 한쪽 면에는 '飛車', '角行', '金將', '桂馬' 등 일반적인 이름이 적혀 있는 반면, 다른 쪽에는 '中將', '少將', '大佐', '少佐', '大尉', '中尉'와 같은 군인 계급이 기록되어 있다는 것입니다.

아마도 일반 장기알을 군인 장기알로 이차 가공한 것 같습니다.

군인 장기(행군 장기라고도 함)는 청일·러일 전쟁기에 박보 장기에서 발전한 것으로 심판 역을 두는 등 보통 장기와는 규칙이 아주 다릅니다. 나중에는 '탱크(戰車)'나 '제트기' 등의 장기알도 추가되었고 때로는 '원폭(原爆)'이라는 장기알이 추가되는 경우도 있었다고 합니다.

다이조인(大乘院)은 11세기 말에 창설된 고후쿠지(興福寺)의 문적(門跡, 옮긴이 : 출가한 황족이나 귀족이 주지한 절) 중 하나였습니다. 예전에는 상당한 권세를 누렸지만, 시대가 지나면서 점차 세력을 잃게 되었고 1868(메이지(明治)원)년 신불(神佛) 분리령에 의해 1869년에 소멸되었습니다. 그 후 이 터는 초등학교가 되었습니다. 또 조사에서는 초등학생들이 공부할 때 사용한 것으로 보이는 석판(石版)의 나무 테두리도 출토되었습니다(묵서가 있으므로 이것도 목간입니다).

장기알도 이 초등학교와 관련된 유물로 생각됩니다. 군인 장기에 열중하는 메이지(明治)시대의 초등학생들... 오늘날까지 끊임없이 쌓인 역사야말로 나라(奈良)를 옛 수도답게 하는 까닭이라 하겠습니다. 장기알은 이처럼 나라(奈良) 역사의 중층성을 상징하는 목간이라고 할 수 있습니다.

그러나 이러한 장기알 중 군인 장기의 일부 문자는 주황색으로 먹물이 아닌 다른 도료로 쓰였을 가능성이 있습니다. 엄밀히 말하자면 목간의 정의 ③'묵서'에 저촉될지도 모르겠습니다.

하지만 지금으로서는 주서나 각서로 쓰인 것도 일반적으로는 목간으로 인정합니다. 이 장기알들도 당당한 '목간'으로 보아도 될 것입니다.

(山本祥隆)

V

목간 깊게
이해하기

29. 명품 미역은 예나 지금이나

고대 일본에서 목간을 사용한 것은 결코 종이가 없어서라거나 귀해서가 아닙니다. 나무와 종이의 좋은 점을 서로 살려 구분하여 사용했기 때문입니다.

나무에 쓴 문자는 불필요하게 되면 칼(서도)로 깎아 내어 여러 번 다시 사용할 수 있습니다. 하지만 종이는 그렇지 않습니다. 종이에 쓴 글자는 아무리 잘 지워도 흔적이 남습니다. 따라서 보관이 필요하고 개찬되면 곤란한 것은 종이에 써서 남기고, 그 자리에서 내려진 지시나 메모 등은 나무에 썼습니다.

한편 나무는 종이보다 내수성이 강하고 단단하며 부서지기 어렵다는 특성이 있습니다. 이를 활용한 사용법이 바로 꼬리표(=하찰)나 라벨로 사용한 것입니다. 고대의 조세 가운데 비단이나 천 등 섬유 제품은 납세자 이름과 품목·수량, 날짜 등을 직접 그 원단에 적었습니다. 하지만 쌀이나 소금, 또는 다양한 해산물에는 직접 쓸 수 없습니다. 여기서 목간이 활약하게 됩니다.

발굴을 통해 발견된 조세의 하찰목간을 살펴보면 당시 일본의 어느 지역에서 어떤 물품이 납부되었는지, 즉 각지에서 보낸 특산물의 일단을 밝힐 수 있습니다.

특히 지역 편중이 두드러진 사례로 시마국(志摩國, 지금의 미에현(三重縣) 시마반도(志摩半島))와 아와국(安房國, 치바현(千葉縣) 남부)의 전복, 스루가국(駿河國, 시즈오카현(静岡縣) 중부)과 이즈국(伊豆國, 시즈오카현(静岡

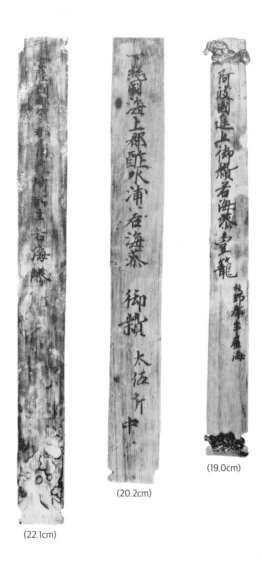

(22.1cm)

(20.2cm)

(19.0cm)

명품 미역의 하찰목간. 오른쪽부터 아와국(阿波國) 무야노우미(牟屋海), 시모우사국(下総國) 스미즈노우라(酢水浦), 히타치국(常陸國) 사카쓰라자키(酒烈埼). 오른쪽 목간은 물품에 매달기 위한 끈이 남은 희귀한 사례이다.

縣) 동부의 이즈반도(伊豆半島)와 도쿄도(東京都)의 이즈제도(伊豆諸島))의 가다랑어, 노토국(能登國, 이시카와현(石川縣) 노토반도(能登半島))의 멸치 등이 있습니다.

좀 더 넓은 범위에서 수확·생산된 것으로는 바다 밑 암석 지대에서 자라는 미역이 있습니다. 목간에는 '海藻' 또는 '軍布'('海藻'보다 오래된 표기)가 등장하는데 그 당시에는 모두 '메'라고 읽은 듯 합니다. 이 것은 오늘날의 미역을 말합니다. 산인(山陰)지방(옮긴이 : 중국지방의 동해 연안측에 있는 지역)과 시마반도(志摩半島) 외에도 간토(關東)나 호쿠리쿠(北陸), 세토우치(瀨戶內)에서도 제공하였습니다.

그 중 '若海藻'라고 쓰인 것이 있습니다. 어린 미역이라는 뜻이기 때문에 햇미역의 연한 부분일 것입니다. 또 이처럼 미역이 쓰인 목간에는 대부분 국·군의 행정지명 외에 고유지명도 기록되어 있습니다. 아와국(阿波國) 이타노군(板野郡) 무야노우미(牟屋海), 가즈사국(上総國) 이시미군(夷灣郡) 도모하마(土茂浜), 시모우사국(下総國) 우나카미군(海上郡) 스미즈노우라(酢水浦), 히타치국(常陸國) 나가군(那賀郡) 사카쓰라자키(酒烈埼), 이나바국(因幡國) 게타군(気多郡) 미사키(水前), 호키국(伯耆國) 가와무라군(河村郡) 구쓰가사키(屈賀前), 나가토국(長門國) 도요라군(豊浦郡) 쓰노시마(都濃嶋) 등이 보이는데 이들은 산지를 명기한, 이른바 명품 미역이라고 할 수 있습니다.

흥미로운 것은 아와국(阿波國) 이타노군(板野郡) 무야노우미(牟屋海)가 지금의 나루토(鳴門) 지역에 해당되듯이 8세기 명품 미역 산지의 대부분이 지금도 미역 산지로 유명합니다. 또 이나바국(因幡國) 게타군(氣多郡) 미사키(水前)와 호키국(伯耆國) 가와무라군(河村郡) 구쓰가사키(屈賀前)는 지금의 돗토리현(鳥取縣) 중부의 인접하는 지역인데 현재 산인지방에서 유일하게 해녀가 활약하고 있는 지역으로 알려진 나쓰도마리(夏泊)해안 근처입니다. 예나 지금이나 양질의 미역이 채취되는 곳은 변함이 없습니다.

(渡辺晃宏)

30. 한국 전복에 대한 쇼무(聖武)의 마음

앞에서 소개한 것과 같이 시마반도(志摩半島)와 보소반도(房総半島) 남부는 고대의 전복 특산지였습니다. 특히 시마(志摩)산 전복은 귀중하게 여겨졌습니다. 御取鰒(전복을 가늘고 길게 깎아서 말린 것), 玉貫鰒(가늘고 길게 깎아서 말린 전복을 발 모양으로 묶은 것), 燒鰒(구운 전복), 滑海藻纏鰒(대황을 감은 전복), 腸蒸鰒(내장을 함께 찐 전복), 宇尔并作鰒(성게와 버무린 전복) 등 같은 전복이라고 하여도 매우 다양합니다(전복은 '鮑'이라 쓰기도 하고 살무사를 의미하는 '鰒'으로 쓰기도 합니다).

그중 단 1점이기는 합니다만 '耽羅鰒'(탐라 전복)이라는 것이 있습니다. '耽羅'는 탐라 또는 타무라라고 읽으며 한국 제주도의 옛 이름입니다. 탐라산 전복, 또는 탐라 주변에 서식한 전복으로 보는 것이 자연스럽습니다. 그러나 시마국(志摩國) 사람이 탐라에 전복을 채취하러 간 것으로 보기는 어렵습니다. 『延喜式』(10세기 초에 편찬된 법령집)에 히젠국(肥前國)과 분고국(豊後國)에서 납부한 조(調) 품목 중에 '耽羅鰒'이 있습니다. 이러한 지역이라면 탐라산과 같은 종류의 전복이 서식할 수도 있겠지만, 시마국(志摩國)은 물론 다른 지역의 공진물에도 탐라 전복은 보이지 않습니다.

탐라는 백제에 속해 있었지만 660년에 백제가 멸망한 후 일시적이나마 독립을 모색한 시기가 있었습니다. 그리고 대외적으로는 일본이라 칭하기 전의 왜국에도 여러 차례 사신을 보냈습니다. 특히 텐무(天武)천황 시기에는 일본에서 탐라로 사신을 파견하였습니다. 하

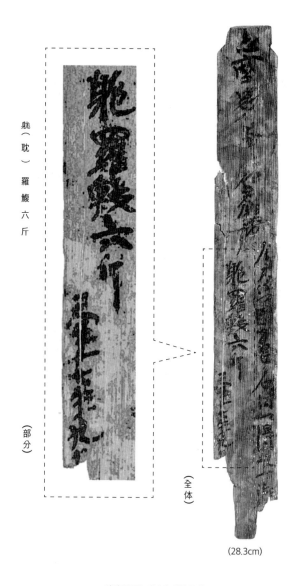

(28.3cm)

탐라(耽羅) 전복의 하찰목간

지만 그 후 얼마 지나지 않아 신라가 한반도를 통일한 이후 탐라와 일본의 교류는 확인하기 어렵습니다.

탐라 전복 목간의 연대는 天平17(745)년입니다. 실은 그 직전에 탐라에 관한 서술이 전조처럼 나타납니다. 정창원에 전해지는 天平10(738)년의 스오국(周防國) 정세장(正税帳, 지방의 재정 결산 보고서)에서 확인됩니다. 이 사료에 따르면 738년 10월 21일, 표착한 것으로 보이는 '耽羅嶋人廿一人'(옮긴이 : 탐라도(제주도)의 사람 21인)이 나가토국(長門國)의 군사(郡司) 인솔하에 지금의 야마구치현(山口縣) 동부에 있는 스오국(周防國)을 통과할 때 식량을 지급 받아 헤이조쿄(平城京)로 향한 것으로 보입니다.

이 기록이야말로 7년 후 단 1점밖에 없는 '耽羅鰒'의 실마리를 푸는 단서입니다. 즉 도성을 방문한 탐라인이 탐라 특산 전복을 헤이조쿄(平城京)로 가져왔거나 또는 이들의 등장이 탐라 전복을 상기시켰을 것입니다. 그런 선명한 인상이 탐라산이라고 하는 전복을 시마국(志摩國)이 공진한 계기가 아니었을까?

그런데 왜 표착한 탐라인을 헤이조쿄(平城京)로 불렀을까요? 후지와라 사자정권(藤原四子政權 옮긴이 : 藤原四子는 후지와라노후히토(藤原不比等)의 아들, 즉 무치마로(武智麻呂), 후사사키(房前), 우마카이(宇合), 마로(麻呂) 4형제를 가리키는데 이 4형제가 나라(奈良)시대 전반기의 정권을 장악하였다. 하지만 737년에 유행한 천연두에 의해 모두 사망하였다.)을 와해시킨 신라로부터 만연하기 시작했던 천연두가 유행한 기억도 아직 새로운 시기였습니다. 저는 여기서 쇼무천황(聖武天皇 701~756)의 강한 의지를 읽어 볼 수 있다고 생각합니다. 쇼무천황이 증조부 텐무천황(天武天皇 ?~686)의 발자취를 밟듯이 구니쿄(恭仁京)로 간 사실은 잘 알려져 있습니다. 증조부 시대에 교류하였던 탐라인이 표착하였다는 소식을 듣고 그들을 보고자 하였다, 이는 쇼무 천황이라면 있을 수 있는 일이라고 생각합니다.

(渡辺晃宏)

31. 문자 형태는 시대를 알려준다

과연 목간의 문자가 시대를 알려줄 수 있을까요? 1961년에 헤이조 큐(平城宮) 터에서 처음으로 목간이 발견된 이래, 목간 수는 2019년 2월 현재 46만 점을 넘었으며 연구도 크게 진전되어 많은 것을 알 수 있게 되었습니다. 목간은 무엇보다 당시 사람들의 육필을 그대로 유지하고 있어 문자를 연구하는 데도 주목되며 목간에 쓰인 문자 정보가 축적되면서 자형이 시대와 지역에 따라 다르다는 것도 알 수 있게 되었습니다.

지역에 따라 서풍이 다르다는 것은 본서에서도 이미 소개하였는데(본서 I-2 참조) 여기서는 시대에 따라 목간에 쓰인 글자 형태가 다르다는, 즉 목간에 쓰인 한자 자형의 시대 차이에 관해 소개하겠습니다.

일본 목간 가운데 고대 목간이 약 70%를 차지하는데 그중 가장 많은 것은 8세기 헤이조큐(平城宮)·헤이조쿄(平城京) 터에서 출토된 목간이며 그 다음이 아스카(飛鳥)지역, 후지와라큐(藤原宮)·후지와라쿄(藤原京) 터에서 출토된 목간입니다. 이 두 목간군에 쓰인 글자를 비교해보면 큰 차이가 있습니다.

예를 들어 '阿'나 '湯' 등 변방 구조로 되어 있는 한자는 7세기의 아스카(飛鳥)지역, 후지와라큐(藤原宮)·후지와라쿄(藤原京) 목간에서는 좌우 균형이 깨진 형태로 쓰인 경우가 많습니다. 하지만 8세기의 헤이조큐(平城宮)·헤이조쿄(平城京) 목간은 오른쪽이 약간 높아 우리가

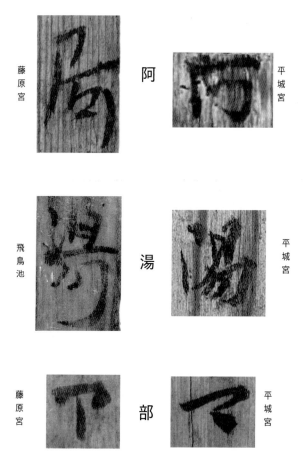

藤原宮　阿　平城宮

飛鳥池　湯　平城宮

藤原宮　部　平城宮

목간에 쓰인 한자의 비교도

볼 때 균형이 잡힌 사례가 많습니다.

그림을 봐 주세요(사진의 좌우는 출토지). '阿'의 경우 왼쪽 후지와라 큐(藤原宮) 목간은 우부방 '可'가 좌부변에 비해 상당히 낮은 위치에 써져있어 균형이 잡혀 있지 않은 느낌이 듭니다. 반면 오른쪽에 있는 헤이조큐(平城宮) 목간의 '阿'는 '可' 부분을 약간 휘갈겨 쓰긴 했지만, 위화감 없이 균형잡힌 형태입니다.

'湯'도 마찬가지입니다. 아스카이케(飛鳥池) 유적에서 출토된 왼쪽 사진을 보면 삼수변이 우부방의 윗부분에 걸쳐 있지만, 오른쪽의 헤이조큐(平城宮) 목간은 우부방의 왼쪽에 균형 맞게 써져 불균형하다는 느낌이 들지 않습니다.

또 씨족명의 하나인 '部'는 7세기 목간에서는 'ア'와 같은 형태로 쓰나 8세기가 되면 'ア'의 두 번째 획을 짧게 써서 'マ'와 같은 형태가 됩니다. 그리고 정체자인 '部'로 쓰인 것은 8세기, 즉 나라(奈良)시대부터 입니다.

이처럼 8세기 이후에 글자 형태가 바뀐 사례는 위에서 언급한 사례만이 아니라 더 많이 있습니다. 여기서는 모두 소개할 수 없지만 이러한 사례가 축적된다면 다른 문자 자료를 판독할 때도 시대를 판정하는 지표가 될 수 있습니다.

그러면 왜 이러한 변화가 일어났을까요? 한 마디로 이야기한다면 7세기에는 한반도 문자 문화의 영향을 받았지만 8세기가 되면서 견당사를 통해 중국으로부터 문자 문화가 직접 유입되었기 때문이라고 생각합니다.

목간에 쓰인 글자의 형태, 즉 자형은 문자 자료의 시대뿐만 아니라 한자가 유입된 경로도 알려줍니다.

(方 國花)

32. 관리와 장작의 의외의 관계

136페이지 사진의 목간에는 '民部省進薪壹伯荷'라고 쓰여 있습니다. 길이는 30㎝가 넘습니다. 상단은 원래 형태 그대로이나 좌변이 갈라져 문자가 잘렸습니다. 하단도 일부 결실되었는데 그 아래로 문자가 이어진 것으로 보아 원래는 폭도 넓고 길이도 긴 목간인 것으로 보입니다. '민부성(民部省)이 장작을 100荷 진상합니다.'는 내용입니다. 관청에서 장작을 진상하는 것은 고대에 어떤 의미가 있을까요.

장작의 진상이라고 해서 떠오른 것이 정월 15일에 하는 미카마키(御薪)라는 의식입니다. 모든 관리가 궁중으로 장작을 헌상하였습니다. 처음 이루어진 미카마키(御薪)는 덴무(天武) 천황 4년(675) 정월 3일이며 그 이듬해부터 날을 바꾸어 일반적으로 15일이 되었습니다. 진상된 미카마키(御薪)는 궁중에서 쓰는 연료가 됩니다.

헤이안(平安)시대의 미카마기(御薪) 행사는 궁내청에서 이루어졌습니다. 거기에는 실제 장작은 없고 각 관청에서 '○○荷을 납품합니다'라고 쓴 찰을 모아 그것으로 의식을 진행합니다. 장작은 이미 내리(內裏)의 소모품을 관리하는 관청에 납품되었으며 의식이 끝난 후 장작 양을 확인하고 궁중으로 배분하였습니다.

진상하는 장작의 양은 령(令)의 규정에 관인의 지위별로 정해져 있습니다. 1位가 10担(荷), 2位와 3位가 8担, 4位가 6担, 5位가 4担, 6位에서 初位까지가 2担, 位가 없는 無位가 1担입니다.

137페이지의 표에 민부성(民部省)의 관직과 그에 상응하는 위계, 인

(34.6cm)

원수, 각 위계의 장작의 양을 정리하였습니다. 합계가 정확히 100荷이므로 목간의 기재와 일치합니다. 1荷가 장작 20개를 묶은 것이므로 100荷는 장작 2,000개를 납품한 셈입니다.

그러나 관위에 상응하는 양이 반드시 지켜진 것은 아닙니다. 나라(奈良)시대 중반 민부성(民部省)의 장관(卿)과 차관(輔)의 지위를 보면 대부분이 4位와 5位인데 예를 들어 민부경(民部卿)인 후지와라노후사사키(藤原房前)가 3位, 민부대보(民部大輔)인 다치바나노나라마로(橘奈良麻呂)가 4位였던 시기가 있습니다. 이 두 사람의 재직 중은 장작의 합계가 100荷를 넘었을 것입니다.

이 목간은 헤이조큐(平城宮) 내리(內裏)의 북쪽에 만들어진 토갱 SK820(본서 Ⅱ-9 참조)에서 출토되었습니다. 745(天平17)년 5월에 쇼무(聖武) 천황이 구니쿄(恭仁京)에서 헤이조쿄(平城京)로 환도하였을 때 만들어진 토갱으로 747(天平19)년까지 단기간에 쓰레기를 버리면서 묻힌 것 같습니다. 746년과 747년 정월 15일에는 경(卿)과 대보(大輔) 모두 5位였으므로 장작의 합계는 100荷입니다. 이 두 해에 민부성(民部省)이 장작 100荷를 진상하는 것은 남은 사료로 보거나, 쓰레기 처리장에 묻힌 시기의 추정연대로 보아도 모순되지 않습니다.

유구의 성격과 문헌 자료를 근거로 미카마키(御薪)와 관련된 목간일지도 모른다고 생각하였습니다. 추측이기는 합니다만, 필요 이상으로 훌륭한 재료에 유유히 쓰인 문자를 보고 있으면 장작을 진상하기 위한 사무용 목간으로 쓰고 버린 목간이라고는 생각하기 어렵습니다. 역시 의식과 관련하여 사용된 목간이지 않을까 생각합니다.

(藤間温子)

표1. 민부성(民部省)의 관리와 진상한 장작의 수

民部省	관위	인원수	1인당 장작의 수(荷)	장작의 수X 인원수
卿	4位	1	6	6
大輔	5位	1	4	4
少輔	5位	1	4	4
大丞	6位	1	2	2
少丞	6位	2	2	4
大錄	7位	1	2	2
少錄	8位	3	2	6
기타	無位	72	1	72

(합계 100荷)

33. 고대의 쌀은 적미(赤米)?

'고대의 쌀' 붐이 일면서 박물관과 학교 교육 현장, 또는 지방을 부흥시키기 위한 소재로 재배된 적미(赤米)와 자흑미(紫黑米)를 자주 볼 수 있게 되었습니다. 지방에서 생산된 물품을 취급하는 가게에서도 '고대의 쌀'은 인기 상품 중 하나라고 합니다.

그러나 현재 우리가 보는 붉은 쌀과 자흑미는 결코 고대의 쌀 그 자체가 아닙니다. 엄밀한 의미에서 '고대의 쌀'은 발굴조사를 통해 유적에서 출토된 고대의 탄화미(炭化米)나 헤이안(平安)시대 불상 속에서 발견된 쌀이며 현재 우리가 먹는 '고대의 쌀'은 고대의 쌀이나 벼에 있었던 것으로 추정되는 특징을 지닌 품종 정도로 생각해야 할 것입니다.

그런데 고대 목간에도 적미(赤米)와 흑미(黑米)라는 기재가 보입니다. 현재 연대가 명확한 최고의 적미(赤米) 목간은 나라현(奈良縣) 아스카촌(明日香村)의 아스카쿄(飛鳥京) 터 원지(苑池)유적에서 출토된 戊寅年(덴무(天武)천황7(678)년 하찰입니다. 오와리국(尾張國) 아마노평(海評) 쓰시마오십호(津嶋五十戶) (현재 아이치현(愛知縣) 쓰시마시(津島市) 주변)에서 찧은 적미(赤米)를 납품한 것입니다. 天平6(734)년도 오와리국(尾張國) 정세장(正稅帳)에 술을 만들기 위해 적미(赤米) 80석을 대취료(大炊寮, 옮긴이 : 일본 율령제에서 궁내성(宮内省)에 속한 기관 중 하나로 전국에서 쌀이나 잡곡을 수납하고 여러 관청에 지급하는 것을 담당)로 보냈다는 기록이 있을 뿐만 아니라 헤이조큐(平城宮) 터에서 출토된 적미(赤米) 하찰

(15.6cm)

(27.7cm)

우 : '但馬國養父郡老佐鄕赤米五斗'등이 쓰인 목간
좌 : '西大赤江南庄黑米五斗吉万呂'가 쓰인 목간

은 술 제조를 담당한 조주사(造酒司) 주변에서 집중적으로 출토되어 술을 만들기 위해 이용한 쌀로 생각됩니다.

한편 흑미(黑米) 목간도 도성 외의 전국 각지에서 출토되고 있습니다. '백미'와 함께 출토된 목간도 있어 소위 자흑미(紫黑米)와 같은 검은색의 쌀로 보는 견해도 있으나 이와 달리 현미로 이해하는 견해도 있어 의견이 갈립니다.

고대 적미(赤米)중에는 잘 알 수 없는 것도 있습니다. 고대에 널리 확인되는 적미(赤米) 품종은 벼(籾)나 쌀알의 표면에 빨간 색소가 있어 붉게 보이는 것인데 대부분은 정미할 때 벗겨진다고 합니다. 고대의 술이 붉은색을 띠었다고는 생각되지 않는데 왜 적미(赤米)를 술 만드는 재료로 선택하였는지, 어떤 맛이었는지 등 술을 즐기는 저로서는 매우 궁금한 대목입니다.

또 하나는 고대 논의 이미지입니다. 고대의 쌀이 적미(赤米)이므로 가을철 수확하기 전의 논은 탄 것처럼 새빨갛다는 식의 기술을 종종 봅니다. 물론 적미(赤米)는 벼(籾)의 끝에 난 까끄라기가 길고 빨갛습니다. 그리고 야생 종류의 벼(稻) 대부분이 적미(赤米)이므로 그렇게 생각했을 것입니다.

다만 고대의 쌀이 모두 적미(赤米)인 것은 아니며 또 고대를 대표하는 쌀을 적미(赤米)라고 하기에는 쌀과 관련된 목간 가운데 적미(赤米)라고 쓰인 목간의 비율이 너무나도 낮습니다. 고대에 적미(赤米)를 재배한 것은 물론 사실입니다만 아쉽게도 그 비율까지 알 수는 없습니다.

우리에게 친숙한 쌀이라 할지라도 그 실상은 의외로 알 수 없는 것이 많아서 앞으로 더 많은 자료가 나오길 기대합니다.

(山本崇)

34. 기록되지 않은 연대를 찾다

사쿠시마(佐久島), 시노지마(篠島), 히마카지마(日間賀島)는 미카와만(三河湾)에 있는 자연이 풍부한 섬입니다. 문어, 복어와 치어도 풍부하여 많은 사람이 방문하는 인기 있는 관광지로 알려져 있습니다. 이세 섬은 고대에 사쿠시마(析嶋), 시노지마(篠嶋), 히마카지마(比莫嶋) (이하, 미카와삼도(參河三嶋))라고 불리는데 일본 고대사나 목간을 공부하는 우리에게 친숙한 섬이라고 할 수 있습니다.

'參河國播豆郡篠嶋海部供奉正月料御贄須々岐楚割六斤'
'參河國播豆郡折嶋海部供奉二月料御贄佐米楚割六斤'

미카와국(參河國) 하즈군(幡豆郡)의 섬에 속하는 해부(海部)가 매월 니에(贄, 천황의 식재)로 상어(佐米)와 농어(須々岐), 도미 등의 포(楚割)를 공납한 목간입니다.

하즈군(幡豆郡)에서 보낸 니에(贄) 하찰은 잔편을 포함하여 120점 정도 알려져 있습니다. 그 가운데 나라(奈良)시대 하찰은 다른 지역의 조용(調庸)이나 니에(贄) 하찰과 달리 다음과 같은 특징이 있습니다. 공납의 주체가 국군리(향)(國郡里(郷))가 아니라 삼도의 해부(海部)인 것, 개인 이름은 거의 없으며 한 점을 제외하고 공납한 연대를 기록하지 않은 것. 그뿐만 아니라 홀수 월에는 시노지마(篠嶋), 짝수 월에는 사쿠시마(析嶋)에서 공납한 것이 밝혀져 '海部'라는 율령제도 이전의 정치 시스템을 상기시키는 집단에 의한 공납이 오래전부터 니에(贄) 공납이었다는 사실을 알 수 있게 되었습니다.

参河国播豆郡析嶋海部供奉八月料御贄佐米楚割六斤

(29.7cm)

参河国播豆郡篠嶋海部供奉七月料御贄佐米楚割六斤

(28.4cm)

参河国播豆郡析嶋海部供奉六月料御贄佐米楚割六□[斤?]

(28.6cm)

이러한 유형의 하찰은 1963년에 헤이조큐(平城宮) 내리(內裏) 북외곽의 토갱 SK820에서 처음 출토되어 하찰을 연구할 수 있는 사례로 주목받았습니다. 또 헤이조큐(平城宮) 터 내와 이조대로(二條大路) 목간이 증가하면서 비약적으로 해명이 이루어졌습니다. 현재는 히마카지마(比莫嶋)가 공납을 분담하는 경우가 있었다는 것, 이처럼 오래된 요소가 남아 있는 것처럼 보이는 니에(贄)의 공납이 실은 大寶2(702)년 지토(持統) 태상천황의 미카와(参河) 교코(行幸, 옮긴이 : 천황의 행차)를 계기로 '만들어진 전통'이라는 것 등이 밝혀졌습니다.

공납한 연대를 기록하지 않은 특징, 이는 역사를 연구하는 데 치명적인 장애라고 할 수 있습니다. 다만 원래 미카와삼도(参河三嶋)에서 공납한 니에(贄)는 건어물로 그다지 오래 보관할 수 있는 것이 아니었으므로 어떻게 해서든 연대를 좁혀보고자 합니다. 동필이필(同筆異筆) 관계와 목간의 제작기법을 근거로 선학들이 감정을 시도하기도 하였습니다.

우리는 더욱 객관적인 지표를 모색하다가 연륜연대학이라는 방법을 응용하여(본서Ⅶ-46·47·48·49 참조) 같은 나무 소재로 만들어진 하찰 세트를 여러 개 발견할 수 있었습니다. 이 세트는 같은 해에 만들어진 하찰로 보입니다.

이러한 목간 자체의 정보에 더하여 출토된 유구의 연대 등을 종합적으로 판단한 결과, 예를 들어 天平6(734)년 또는 7년으로 볼 수 있는 것, 또 매우 특수한 사례이기는 하나 天平18년 正月로 특정할 수 있는 것 등 '연대를 기록하지 않은 하찰'의 연대가 밝혀지고 있습니다.

(山本崇)

35. 도성 밖의 하찰은 무엇을 이야기하는가?

헤이조큐(平城宮) 터를 비롯한 도성 유적에서는 세금으로 납품된 물품에 매단 하찰목간이 많이 출토되었습니다. 전국 각지에서 조(調)와 용(庸) 등과 같은 세목(稅目)으로 다양한 물품을 도성으로 납품하였습니다. 공진자의 이름과 세목, 품목 등을 쓴 하찰이 매달려 있었으므로 도성유적에서 하찰이 출토되는 것은 당연한 일입니다. 헤이조큐(平城宮)와 헤이조쿄(平城京)에서 출토된 하찰은 북쪽으로는 무쓰(陸奥, 도호쿠(東北)지방)에서 남쪽으로는 사쓰마(薩摩, 가고시마현(鹿兒島縣))까지 이릅니다. 꽤 먼 곳에서 세물(稅物)과 함께 하찰이 도성으로 여행을 떠난 것입니다.

그런데 도성 이외의 곳에서도 조세에 매단 하찰이 발견되는 예가 있습니다. 시가현(滋賀縣) 다카시마시(高島市)의 가모(鴨) 유적에서는 약 40년 전에 와카사국(若狹國) 오뉴군(遠敷郡) 오뉴리(小丹里) 사람이 용(庸)으로 낸 쌀 하찰이 출토되었습니다. 비와코(琵琶湖) 서안에 해당하는 가모(鴨)지역은 와카사(若狹, 후쿠이현(福井縣))에서 헤이조쿄(平城京)로 가는 도중에 해당합니다. 이로 보아 도성으로 조세를 운반하는 도중에 짐에 부착된 하찰이 떨어졌을 가능성도 있습니다.

다른 사례도 있습니다. 과거의 가와치국(河内國, 오사카부(大阪府) 동부) 오가타군(大縣郡)에 해당하는 오사카부(大阪府) 가시와라시(柏原市) 안도(安堂) 유적에서 와카사국(若狹國) 오뉴군(遠敷郡) 노리(野里)에서 보낸 조(調)의 소금 하찰(사진)과 오미국(近江國, 시가현(滋賀縣)) 아사이

(뒤)   (앞)

(14.2cm)

오사카부(大阪府) 가시와라시(柏原市)의 안도(安堂) 유적에서 출토된 하찰목간, 한쪽 면에 '若狹國遠敷郡野里相臣山守調鹽三斗', 다른 한쪽 면에 '天平十八年九月'이라고 쓰여 있다(사진 제공=柏原市敎育委員會)

군(淺井郡) 타네고(田根郷) 등에서 보낸 하찰이 1980년대에 발견되었습니다. 후자에는 세목과 품명 등이 기입되어 있지 않으나 아마 쌀일 것입니다. 안도(安堂) 유적은 와카사(若狹)와 오미(近江)에서 보면 헤이조쿄(平城京)를 넘어 서쪽에 있으므로 위에서 언급한 사례와는 다릅니다.

이 지역에는 가와치로쿠지(河內六寺)라고 불리는 7세기에 창건된 절이 있었습니다. 그 절의 이름은 『續日本紀』에 등장합니다. 고켄(孝謙) 천황이 天平勝宝8(756)년 2월에 知識·山下·大里·三宅·家原·鳥坂의 여섯 절에 참배하고 예불하였다고 합니다. 전날에는 지시키지(知識寺)의 남쪽에 있었던 행궁(行宮, 임시 거처)에 머물렀습니다. 고켄(孝謙) 천황은 天平勝宝元年(749) 10월에도 지시키지(知識寺)로 나섰습니다. 지시키지(知識寺)는 天平12(740)년에 쇼무(聖武) 천황이 노사나불(盧舍那佛)에 예배한 것이 대불 조영을 발원하는 계기가 된 것으로 유명합니다.

안도(安堂) 유적은 지시키지(知識寺) 터와 그 남쪽의 에바라지(家原寺) 터의 중간에 있습니다. 하찰을 매단 소금과 쌀은 교코(行幸)와 관련된 것으로 헤이조큐(平城宮)에서 운반된 후 행궁(行宮)의 건설종사자, 또는 천황과 동행한 사람들의 식료품으로 사용되었을 것입니다. 안도(安堂) 유적은 지시키지(知識寺) 남쪽의 행궁(行宮) 터였을 가능성도 있습니다.

2018년, 오사카부(大阪府) 히라카타시(枚方市) 후나바시(船橋) 유적에서 시마국(志摩國, 미에현(三重縣)) 아고군(英虞郡)의 해조 하찰이 출토되었습니다. 이곳은 가와치국(河內國) 가타노군(交野郡)에 포함되는데 가타노군(交野郡)에서는 간무(桓武) 천황이 종종 사냥을 하였습니다. 이것도 교코(行幸)할 때 도성에서 운반된 것은 아닐까요.

이러한 하찰은 일단 도성으로 운반된 후 다시 그곳에서 여행을 떠난 것입니다. 도성 외의 유적에서 출토된 하찰은 그곳이 교코(行幸)와 관련된 장소였음을 짐작하게 하는 귀중한 사료입니다.

(舘野和己)

V. 목간 깊게 이해하기

VI

목간으로 보는
고대인의 일상

36. 약 하찰과 꼬리표가 말하는 것

물품의 공납과 보관에 관련된 하찰과 부찰은 지금까지 많이 소개되었습니다. 이 절에서는 후지와라큐(藤原宮) 터(나라현(奈良縣) 가시하라시(橿原市))에서 출토된 약 이름을 쓴 목간에 주목해 봅니다.

약 목간은 후지와라큐(藤原宮)의 여러 장소에서 출토되었는데 그중 궁(宮)의 서남부, 西面南門의 안 쪽에 있는 궁(宮)의 내호(內濠)에서 가장 많이 출토되었습니다. 약명목간은 여러 약의 이름을 열거한 것, 국명과 약명을 함께 쓴 부찰이 있는데 전자는 조합약의 목록과 처방전의 역할을 한 것, 후자는 약을 납품할 때 사용한 하찰로 보입니다. '무사시국'(无耶志國, (武蔵國))에서 도라지(桔梗)를 공납한 하찰도 알려져 있습니다(사진 좌).

이와 함께 약을 보관할 때 사용한 꼬리표가 한꺼번에 출토되었습니다. 목간에 등장하는 약을 살펴봅시다. 백출(白朮, 옮긴이 : 삽주의 덩어리진 뿌리), 지황(地黃), 인삼, 두충(杜仲), 당귀, 갈근, 도인(桃人).... 西面南門 근처에서 출토된 부찰을 살펴보았습니다. 고대의 약과 현대 약의 성분이 같은 지에 관해서는 신중하게 검토해야 합니다. 그러한 비정은 매우 어렵지만, 약의 이름이 같다는 것에 주목하면 최근 야마토당귀(大和當歸)는 식용에서 입욕제까지 다양한 상품으로 사용되고 갈근탕은 감기약으로도 익숙합니다.

위에서 언급한 식물계 생약만이 아니라 목간에는 흑석영, 유황과 같은 광물 이름도 보입니다. 주목해야 할 점은 목간이 출토된 호(內

(19.1cm)

(12.9cm)

우 : '人蔘十斤'이 쓰인 목간

좌 : '无耶志國'에서 '도라지(藥桔梗)'를 보낸 것을
　　 알 수 있는 목간

濠)에서 유황, 백운모, 백석영, 자철광, 호박 또는 송진으로 보이는 수지상(樹脂狀)유물이 출토된 것입니다. 출토된 광물은 약품 그 자체로 생각되며 약을 보관한 관청이 이 근처에 있었던 것을 추측하게 합니다. 헤이안큐(平安宮)의 古繪圖에 따르면 약을 보관하는 전약료(典藥寮)는 궁의 서남부에 있었는데 후지와라큐(藤原宮) 이래 거의 같은 장소에 약을 다루는 관청이 있었던 것으로 생각됩니다.

약의 부찰 가운데 '蛇脱皮'라고 쓰인 것도 출토되었습니다. 한자로 보아 알 수 있듯이 이것은 뱀과에 속하는 동물의 허물로 비정되는데 대체 어떤 효능이 있는 약이었을까요?

약은 당시의 귀중품으로 국가가 독점적으로 모으고 보관하였습니다. 스이코(推古) 천황 시대에는 약을 채집한 노력의 흔적이 남아 있는데 모아야 할 약의 목록을 토대로 계획적으로 수집한 듯합니다. 이 목록은 중국에서 편찬된 『本草集注』라는 책을 토대로 한 것 같은데 후지와라큐(藤原宮) 터에서 출토된 목간에 보이는 약명은 거의 예외 없이 이 책에 기록되어 있습니다. 후지와라큐 터에서 출토된 '本草集注上卷'이 적힌 목간과 그 습서로 보아 이 책이 후지와라큐 시대에 이미 전래된 것은 분명하며 나라(奈良)시대 말까지 약을 배우는 텍스트로 사용된 것도 알 수 있습니다. 약명목간은 후지와라큐(藤原宮) 사람들의 지식 근원을 알 수 있게 한다는 점에서 매우 의의가 크다고 할 수 있습니다.

(山本崇)

37. 잃어버린 대보령(大寶令)을 풀어내다

목간에는 '子曰...'로 시작하는 논어와 경전의 문언(文言) 등 책의 일부를 쓴 것이 있습니다. 정확하게 베낀 것이 있는가하면 문자를 연습한 목간(습서목간)도 있습니다. 이 절에서는 그 가운데 고대의 법령을 쓴 목간을 소개합니다.

157페이지 오른쪽 목간은 1967년 11월부터 이듬해 5월에 걸쳐 실시된 헤이조큐(平城宮) 터 동남쪽 구석의 발굴조사에서 발견되었습니다. 두께 1mm로 매우 얇은 단책형 목간입니다. 이때 발견된 목간에는 天平9(737)년, 10년, 18년, 19년이라 쓰여 있어 같은 시기의 것으로 생각됩니다. 그렇다면 이 목간을 사용할 당시의 법령은 대보령(大寶令, 701년 성립)입니다.

목간에 쓰인 문자를 확인해봅시다. 앞면에는 '凡官奴婢年六十六以上乃'라 쓰여 있고 '乃' 아래에도 한 글자가 있습니다. 뒷면은 '家官戶家人公私奴婢皆當'이라고 읽을 수 있습니다. 뒷면 역시 '當' 아래에 한 글자가 있는 것 같습니다.

이 목간에 쓰인 자구(字句)는 대보령(大寶令)에 있는데 실은 대보령(大寶令)은 현재 전해지지 않습니다. 대보령(大寶令) 이후에 양로령(養老令, 757년)이라는 법령이 시행됩니다. 양로령(養老令)은 그 주석을 모은 책 등 여러 책을 통해 대강의 모습을 알 수 있으며 이 목간에 쓰인 법령도 복원되었습니다.

목간의 앞면은 관노비(율령제가 정한 천황소유의 예속민) 신분을 변경

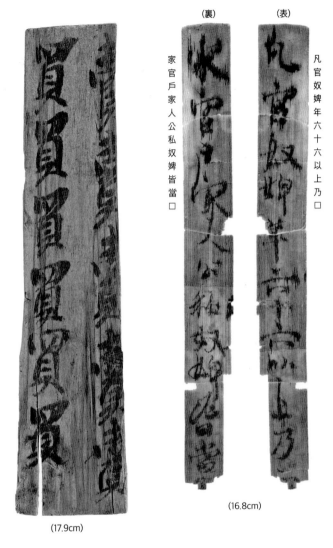

（裏）　（表）

家官戸家人公私奴婢皆當□

凡官奴婢年六十六以上乃□

(16.8cm)

(17.9cm)

우 : 대보령(大寶令)을 엿볼 수 있는 목간. <a>凡官奴婢, 年六十六以上及廢疾……並放爲良. <b>凡
陵戸·官戸·家人·公私奴婢, 皆當色爲婚. <a><b>는 양로령의 규정

좌 : 습서목간의 사례

할 때의 규정(사진 우<a>, 뒷면은 이 신분 사람들의 혼인 규정(사진 우<b>)으로 모두 고대 예속민과 관련된 법령이라는 것을 알 수 있습니다. 그렇다고 한다면 도중에 끊어져 읽을 수 없는 목간의 문자는 법령의 문장으로 보아 앞면은 '廢', 뒷면은 '色'일 가능성이 있습니다.

한편 이 목간의 자구와 양로령(養老令)의 문장을 비교해보면 거의 동일한 자구(字句)이기는 하지만 다른 부분도 있습니다. 그래서 주목한 것이 습서목간의 특징입니다. 사진 왼쪽의 목간을 보면 같은 문자가 줄지어 서 있습니다. '賣'를 쓰는 동안 그 일부인 '買'와 '賣買'라는 단어가 떠올랐을 것입니다. 익숙한 문장에서 연상된 문자와 비슷한 형태의 문자가 문득 떠오르는 대로 기록한 모습이 상상됩니다.

사진 오른쪽 목간에서 원래의 문장과 다른 자구(字句)는 매우 닮은 문자를 잘못해서 쓴 것일 수도 있고 그렇지 않을 수도 있습니다. 분명한 것은 대보령(大寶令)의 규정을 토대로 이 목간의 문자를 썼다는 것입니다.

당시 글을 쓴 관리는 현재 볼 수 없는 대보령(大寶令)의 복사본을 가지고 있었을지 모릅니다. 불가사의하다고도 할 수 있습니다만 우리는 이 목간을 통해 고대 사람들이 보았던 대보령(大寶令)의 일부를 알 수 있습니다.

(藤間温子)

38. 핑계를 대며 쉬는 것도 목간으로

지금으로부터 1300년 전, 찬란한 헤이조쿄(平城京)의 어느 한 곳에서 일어난, 드라마틱한 이야기를 품은 한 점의 목간이 있습니다.

물품을 구매한 후 보낼 때 사용한 편지입니다. 내용은 구매품을 진상하는 것, 구매품 목록, 구매 가격으로 매우 흔한 목간처럼 보입니다. 구매품으로는 옹이 7개, 냄비 8개, 그리고 기름을 넣어 사용하는 등불 잔(燈明皿)이 143개로 상당한 양이나 대금은 화동개진(和同開珎, 옮긴이 : 일본의 고대 동전의 하나) 10매로 그다지 비싸지 않습니다.

사태가 급반전을 보이는 것은 이후의 일입니다. 마로(末呂) 씨라고하는, 운반을 담당한 사람의 이름을 쓴 곳 옆에 간절한 호소가 쓰여있었습니다.

'이나즈미(稻積)는 급격한 복통으로 인해 납품과 보고를 할 수 없습니다.'

쓸 공간이 부족해 얼마 안 되는 여백에, 도중부터는 위·아래를 거꾸로 하여 썼습니다. 직전까지 당당하게 쓴 균형 있는 글자와 비교하면 참으로 엉성한 문자라고 할까요. 이때 마침 격렬한 복통이 갑자기 덮친 듯합니다.

그러나 자세히 보면 이변은 이미 이전부터 시작된 듯합니다. 물건의 총수를 기재한 부분을 '右百五十八'이라고 써야 하는데 '右五十八'이라고 썼습니다. 右와 百을 혼동하였는지, 아니면 단순히 百을 빠뜨리고 썼는지 모르겠지만 어찌 되었든 업무상 있을 수 없는 실

(뒤)　　　　　(앞)

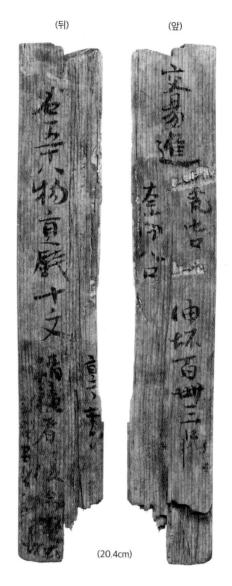

(20.4cm)

진상장(進上狀)을 다 쓴 후 뒷면 말미의 여백에 '稻積者腹急'이라는 핑계가 시작된다. 하단까지 썼으나 다 쓰지 못하게 되자 상하를 거꾸로 하여 계속해서 써나갔다.

수입니다. 차분히 쓴 문자처럼 보이나 이미 복통의 조짐이 덮쳤을지 모릅니다. 그렇다면 동전 10매라는 저렴한 가격도 아무래도 수상해 보입니다.

어찌 되었든 대량의 물품 구매를 끝내고 조금만 더 하면 임무를 완수하기 직전의 복통. 이나즈미(稻積) 씨는 추측건대 분명히 애통했을 것입니다. 그리고 이 절박한 상황에서도 목간을 쓴 모습을 상상하면서 고대 율령 관인의 책임감에 감동합니다.

다만 왜 일을 끝마치지 못한 것을 운반하는 담당자에게 전해달라고 부탁하지 않고 일부러 그 내용을 목간에 썼을까요. '복통으로 인해 납품을 하지 못하게 되면 반드시 그 사정을 적어야 한다'는 관례가 있다면 유사한 목간이 좀 더 발견되었을 텐데 복통 목간은 아직이 한 점뿐입니다. 책임감이 강한 이나즈미(稻積) 씨의 개성일까요. 검수를 담당한 사람이 엄격하였기 때문일까요. 어찌 되었든 이나즈미(稻積) 씨는 복통에 괴로워하며 이 목간을 썼으리라 생각되는데 뭔가 좀 불안해집니다. '복통'이라고 하면 '꾀를 부려 쉬는 것', 이렇게 괴롭게 쓴 글도 어쩌면 연기일지 모릅니다. 이에 대해서는 이나즈미(稻積) 씨를 만나 직접 물어보고 싶어졌습니다.

확실한 것은 헤이조쿄(平城京) 시기에는 자신의 복통 사정도, 꾀를 부려 쉬는 구실도, 문자로 전하는 시대로 돌입해 있었다는 사실입니다.

(馬場基)

39. 필적에 번진 관리의 민얼굴

『續日本紀』와 『萬葉集』이라는 문헌은 나라(奈良)시대의 역사를 연구하는 데 없어서는 안 되는 자료지만 완성되었을 당시의 원본은 남아 있지 않으므로 이후 시대에 베껴 쓴 사본에 의거해야 합니다.

이에 반해 목간에 쓰인 문자는 모두 고대 사람들이 직접 쓴 글씨. 이는 역사 자료로서 목간이 지닌 가장 두드러진 매력 중 하나일 것입니다. 이 절에서는 문자의 '필적'에 주목하면서 2점의 목간에 주목하고자 합니다.

163페이지 사진의 2점은 모두 헤이조큐(平城宮) 내리(內裏)의 동측을 북에서 남으로 흐르는 동대구(東大溝) SD2700에서 출토된 목간입니다. 동대구(東大溝) SD2700은 헤이조큐(平城宮) 내의 배수체계를 지탱하는 대표적인 배수구 중 하나였습니다.

사진 오른쪽 목간은 목공료(木工寮, 토목건축과 관련된 사항을 담당하는 관청)가 보낸 정식적인 상신문서(解)로 보입니다. 오른쪽 행이 원래 상신문서의 문장이며 왼쪽 행은 우측의 문자를 보면서 쓴 습서(연습)로 생각됩니다.

양쪽을 비교해봅시다. 오른쪽 행은 보기는 어렵지만 그래도 공문서, 해서에 가까운 근직(謹直)한 문자가 보입니다. 한편 왼쪽 행의 문자는 치졸하고 익살맞습니다. 특히 네 번째 글자는 좀.... 5, 6번째 문자도 대체 무슨 문자를 쓰려고 하였는지조차 알 수 없습니다.

어쩌면 왼쪽 행을 쓴 사람은 문자를 모르는 초심자였을지도 모른

(24.1cm)

(11.5cm)

우 : 목공료(木工寮)의 解목간. 오른쪽에 '木工寮解'□'申請□', 왼쪽에 '木工寮□(解?)□□'(□는 판독할 수 없는 문자)라고 쓰여 있다.

좌 : 밀 하찰. '丹波國何鹿郡高津鄕交易小麦五斗'라고 쓰여 있다.

다……고 생각하는 순간, 오른쪽 행을 몇 번씩이나 보면서 문자를 기억하려고 열심히 베껴 쓰는 모습이 눈에 선하게 떠오릅니다.

사진 왼쪽의 목간은 단바국(丹波國) 이카루가군(何鹿郡) 다카쓰향(高津郷)(현재 교토후(京都府) 아야베시(綾部市)과 후쿠치야마시(福知山市)의 일부)에서 보낸 밀의 하찰. 새까맣게 묵흔이 명료한 문자는 개성이 강하고 독특한 분위기가 납니다. '다카쓰(高津)'는 어디서 잘리는지도 알기 어려워 지명을 알지 못하면 읽을 수 없을지 모릅니다. 그 아래의 '향(郷)'도 변만 왼쪽 아래로 길게 뻗은 대담한 자형(字形)입니다.

다만 신기하게도 서툴다는 인상을 받는 것이 아니라 오히려 익숙한 손놀림으로 쓱쓱 쓴 것 같은 모습이 엿보입니다. 분명히 문자를 쓴 사람은 지금까지 많은 하찰을 만들었을 것입니다. 그 가운데 반복해서 쓴 문자는 약간 어설프게 되었을지 모릅니다.

그런데 이 목간의 문자 가운데 '小麦(밀)'이라는 두 문자는 비교적 잘 썼습니다. 실은 밀과 관련된 하찰은 드물어 이외에 몇 점밖에 확인되지 않습니다. 그렇다면 이 목간에 문자를 쓴 사람에게 '小麦'은 익숙하지 않은 문자였던 것이 아닐까요. 틀리지 않도록 한 글자씩 신중하게 확인하는 글쓴이의 긴장감이 전해지는 듯합니다.

목간, 특히 삭설은 하급 관인의 이름을 알 수 있는 보물 창고입니다(본서 VI-41 참조). 그뿐만 아니라 목간 대부분은 일상 업무 속에서 사용된 것이며 글쓴이도 실무를 담당한 하급 관인이 중심이었습니다. 그 때문에 목간의 문자를 통해 역사의 무대와는 관계없는 하급 관인들의 생생한 생각을 읽어낼 수 있습니다.

(山本祥隆)

40. 부탁하는 편지를 쓰는 방법 – 하급 관인의 교양

헤이조큐(平城宮)의 조주사(造酒司) 터에서는 양조용 물을 긷는 우물 외에 술을 양조·보관한 건물과 술의 원료인 쌀의 진상목간, 술을 넣은 옹의 부찰목간 등 당시 술을 만드는 현장의 모습을 알 수 있는 목간과 함께 다른 부서에서 술을 청구하는 목간이 발견되었습니다.

나라(奈良)시대 관리가 공무에 필요한 물품을 청구할 때, 특히 목간에는 '請~'와 같이 최소한으로 필요한 문언만 쓰는 것이 일반적이었습니다.

그런데 주조사(造酒司) 목간 중에는 청구목간과 조금 성격이 다른 것이 있습니다. '頓首', '死罪'처럼 서장(書狀)에 사용하는 용어가 포함된 목간입니다.

나라(奈良)시대 관리가 적은 것으로 정창원 문서도 있습니다. 여기에도 공무에 필요하여 쓴 서장(書狀)이 포함되어 있습니다. 어떠한 사정으로 인해 상대방에게 부탁할 때 쓴 것 같은데 상대방에게 폐를 끼치는 경우 그 기분을 전하기 위해 굳이 공문서와는 다른 형태로 썼습니다. 서장(書狀)은 율령에 정해진 공문서를 보조하는 역할을 하면서 일상 업무를 지탱하였습니다. 글을 잘 쓰는 관인이라면 서체도 초서에 가까운 형태로 썼습니다.

위의 목간도 굳이 서장(書狀)의 문언을 이용하여 쓰여 있고 서체도 약간 초서를 흉내 낸 것처럼 보입니다. 그렇다면 일상적인 업무가 아니라 특별한 사정이 있어 무엇인가를 부탁할 때 쓴 목간이지 않을까

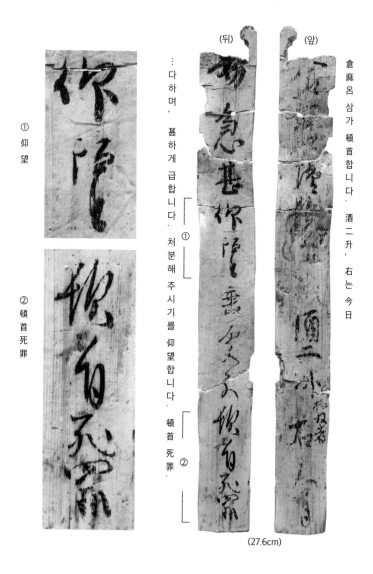

(뒤)　　　(앞)

倉麻呂 삼가 頓首합니다. 酒二升, 右는 今日

…… 다하며, 甚하게 급합니다. 처분해 주시기를 仰望합니다. 頓首 死罪.

① 仰望

② 頓首死罪

(27.6cm)

구라마로(倉麻呂)가 조주사(造酒司)에게 부탁을 쓴 목간 (적외선 사진)

요? 여기에는 '急甚'이라는 문자가 있으므로 술이 급하게 필요하여 상대방에게 민폐를 끼치더라도 받을 필요가 있었던 것으로 생각됩니다.

이와 같은 관점으로 목간을 살펴보면 조주사(造酒司) 목간에는 이외에도 '두려워하면서 삼가 청하여 아뢴다(恐々謹請申)'라고 썼거나 또는 이조대로(二條大路) 목간에 '주사(酒司)가 계시는 곳 아래에... 은혜를 받아(酒司坐下 ......蒙恩)' 등 서장(書狀)에 사용하는 용어가 적힌 목간이 발견됩니다. 이것은 위의 목간처럼 특별한 사정으로 술의 지급을 의뢰한 목간일 것입니다.

정창원 문서와 비교하면 목간에는 서장(書狀)으로 쓰인 것이 많다고는 할 수 없습니다. 이는 공간에 제약이 있어 상대방에게 예를 갖추어 의뢰하기에 걸맞지 않은 매체이기 때문일 것입니다.

그럼에도 굳이 목간으로 의뢰한 것은 구체적인 상황은 알 수 없으나 긴급한 사정이 있었거나 상대방과 친한 사이임에도 예의가 필요하였을 것이므로 '頓首', '死罪'와 같은 글자를 적었을 것입니다.

이 목간에는 '頓首', '死罪' 외에 '仰望'이라는 글자도 보입니다. 이 글자는 경의를 나타내는 말로서 서장(書狀)에 사용되는데 정창원 문서에서도 여러 사례가 보입니다. 교양으로서 습득하였을 것입니다.

공무를 집행하는 가운데 긴급한 경우에도 문득 이런 글자를 적어 조주사(造酒司)에게 보낸 구라마로(倉麻呂) 씨의 인물상을 상상하게 됩니다.

(黑田洋子)

41. 이즈베(出部) 씨, 신모(眞慕) 씨는 누구?
- 희귀한 성씨

본서 Ⅰ-3에서 글자를 고쳐 쓰기 위해 목간의 표면을 깎을 때 생긴 삭설을 소개하였습니다. 삭설은 말하자면 지우개의 찌꺼기 같은 것인데 당시에는 쓰레기로 버려졌기 때문에 편집을 거치지 않아 가끔은 의외의 사실도 알려줍니다.

이 절에서는 헤이조큐(平城宮) 터에서 발견된 삭설 2점에 주목하고 이 삭설 2점이 말하는 나라(奈良)시대의 풍요로운 역사에 대해 살펴보도록 합시다.

2008년 헤이조큐(平城宮) 터 동부의 동방관아(東方官衙)라고 불리는 유구의 발굴조사에서 남북 약 7m, 동서 약 11m에 이르는 거대한 쓰레기 구덩이가 발견되었습니다. 그 속에는 엄청난 수의 목간, 특히 삭설이 있었습니다. 그래서 쓰레기 구덩이 내부의 흙을 갖고 돌아가 씻으려고 하였으나 그 양이 무려 상자 2,800개! 실은 2019년 현재도 그 흙을 씻어서 그 속에 있는 목간(삭설)을 비롯한 유물을 찾는 작업이 이어지고 있습니다.

이 동방관아(東方官衙)의 쓰레기 구덩이에서 출토된 목간에 대해서는 이미 보고된 목간의 분석을 통해 나라(奈良)시대 후반(8세기 후반)에 속하며 위부(衛府, 천황과 궁성을 경비하는 관청)의 개편에 따라 발생한 다량의 쓰레기를 처리할 때 폐기되었을 것이라는 견해가 발표되었습니다. 그래서 인명을 기재하는 삭설이 풍부하게 포함된 것입니다. 삭

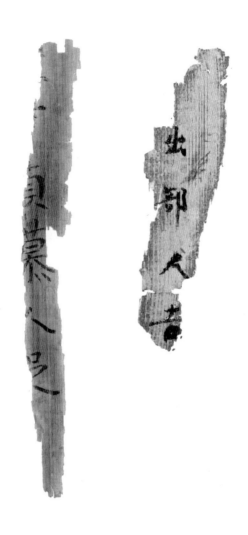

우 : '이즈베노히토요시(出部人吉)'라고 쓰인 삭설

좌 : '신모노히토타리(真慕人足)'라고 쓰인 삭설

설 가운데 가끔 특이한 이름이 확인됩니다.

사진의 오른쪽 삭설에는 '이즈베노히토요시(出部人吉)'라고 쓰여 있습니다. '이즈베(出部)' 씨는 당시의 정식 역사서인 『續日本紀』에 단 한 번밖에 등장하지 않고 다른 사료에서도 그다지 사례를 확인할 수는 없습니다. 그래서 『續日本紀』의 '이즈베(出部)' 씨는 일반적 성씨인 '미부베(生部)'를 잘못 쓴 것이 아닐까 의심받아 왔습니다.

그런데 동방관아(東方官衙)의 쓰레기 구덩이에서 출토된 삭설에는 사진 오른쪽의 것을 포함하여 '이즈베(出部)'가 적힌 목간이 여럿 확인되었습니다. 나라(奈良)시대에 '이즈베(出部)' 씨가 존재한 사실이 증명된 셈입니다.

사진의 왼쪽 삭설에는 '신모노히토타리(眞慕人足)'라는 이름이 보입니다. '신모(眞慕)' 씨는 한반도 백제계의 도래인으로 『日本書紀』의 긴메이기(欽明紀, 6세기 중엽)에 백제에서 온 사자(使者)로 보이는 것이 유일합니다. 아마도 '히토타리(人足)'는 도래인의 자손으로 나라(奈良)시대 일본에서 태어나고 그 후 일본에서 생애를 보낸 인물로 생각됩니다.

즉 그는 한반도에서 유래된 성씨를 유지하면서 이름은 매우 일본적인 것입니다. 메이저리그에서 활약하는 '다르빗슈 유(Darvish 有)' 선수의 이름과 유사하다고 할 수 있지 않을까요?

『續日本紀』에는 원칙적으로 5위 이상의 위계를 지닌 귀인만 기록되어 있습니다. 따라서 하급관인으로 보이는 '이즈베(出部)' 씨나 '신모(眞慕)' 씨가 등장할 기회는 매우 제한됩니다.

한편 목간, 특히 삭설은 하급 관인의 이름을 알 수 있는 보물 창고
입니다. 삭설을 통해서만 만날 수 있는 그들에게 친밀감을 느끼는 것
은 같은 '하급 관인'으로서 세상을 살아가는 저뿐만이 아닐 겁니다.

(山本祥隆)

42. 헤이조큐(平城宮)의 불사(佛事)를 엿보다

사진의 목간은 헤이조큐(平城宮) 터의 제1차 대극전(大極殿)과 조당원(朝堂院)이 있는 중앙구와 그 동쪽에 있는 다른 대극전과 조당원이 있는 동쪽 구역의 사이를 남쪽으로 흐르는 중앙대구(中央大溝) 주변에서 출토되었습니다.

서대궁(西大宮)은 나라(奈良)시대 후반에 제1차 대극전 터에 조영된 궁전으로 고켄(孝嫌) 태상천황(718-770, 나중에 쇼토쿠(称德) 천황)이 살았던 '서궁(西宮)'에 해당합니다. 이 목간은 '서궁(西宮)'이 주최한 정월의 불교 행사 때 다양한 물품을 구입하고 남은 돈에 매단 부찰입니다.

날짜 밑에 보이는 인물 '소우노이와사키(添石前)'는 이외에 보이지 않으나 '아가타누시(縣主)'를 생략한 것으로 본다면 天平神護 원(765)년 2월에 '소우노아가타누시(添縣主)'의 성(姓)을 받은 '아가타누시이와사키(縣主石前)'로 볼 수 있습니다. 이때 '大和國添下郡人左大舍人大初位下'로 보입니다.

『續日本紀』에 의하면 이 사성(賜姓) 기사의 전후에는 전년도에 일어난 에미노오시카쓰(惠美押勝, 706~764, 후지와라노나카마로(藤原仲麻呂))의 난과 관련된 포상의 서위(叙位)와 임관, 전쟁터였던 오미국(近江國) 다카시마군(高嶋郡)의 면세, 친위군의 조직개편 등 전후(戰後) 처리와 관련된 기사가 즐비하게 기록되어 있으므로 이와사키(石前)는 고켄(孝嫌) 태상천황과 가까운 인물이며 이 사성(賜姓)도 난의 논공행상의 하나였을 가능성이 있습니다. 이와사키(石前)는 난 이후에도 계속해

(뒤) (앞)

(16.6cm)

헤이조큐(平城宮) 터 중앙대구(中央大溝)에서 출토된 목간. 앞면에는 '西大宮正月佛御供養雜物買殘
錢', 뒷면에는 '一貫百六十文', '油五升 正月十六日添石前'이 쓰여있다.

서 쇼토쿠(稱德) 천황을 주변에서 섬긴 것으로 생각됩니다.

이 목간을 생각하는 데 '正月十六日'이라는 날짜는 매우 중요한 의미를 지닙니다. 16일에 '殘錢'을 정리하였다는 것으로 보아 불사(佛事)는 그 이전에 이루어진 것으로 생각되기 때문입니다.

고대에는 1년에 한 번 정월에 궁의 중심부가 절이 되는 시기가 있었습니다. 고사이에(御齋會)라고 불리는 불사(佛事)입니다. 정월 8일부터 14일까지 7일간 대극전(大極殿)과 이를 둘러싼 회랑을 무대로 이루어지는데 금광명최승왕경(金光明最勝王經) 강독과 길상회과(吉祥悔過)에 의해 진호국가(鎭護國家, 옮긴이 : 불교의 교법(敎法)으로 난리와 외세를 진압하고 나라를 지킨다는 불교 사상)와 오곡풍양(五穀豊穰, 옮긴이 : 풍년이 들어 곡식이 잘 여묾)을 기원한 것입니다. 이때 대극전은 강당으로 불리고 불사(佛事)에 걸맞게 장식되었으며 다카미쿠라(高御座, 옮긴이 : 천황의 옥좌)에는 본존인 노사나불(盧舍那佛)이 안치되었습니다. 회랑은 승방이라 불리며 참가한 중이 휴게소로 사용하는 등 궁의 중심부가 7일 밤낮으로 절로 변모해 갑니다.

목간의 날짜로 보아 '西大宮正月佛御供養'이 고사이에(御齋會)를 가리킬 가능성이 큽니다. 그렇다면 이 부찰은 천황 자신이 '시주(施主)'로서 개최한 정월 불사의 결산과 관련하여 작성되었을 것입니다.

고사이에(御齋會)는 쇼토쿠(稱德) 천황 시대에 정월의 불사로 시작되었습니다. 연례행사로 정착하는 헤이안(平安)시대가 되면 의식에 필요한 물품의 양은 더욱 세밀하게 규정됩니다. 이 목간에서 알 수 있듯이 물품을 구입하는데 돈이 남은 사실로부터 이제 막 시작된 '나라(奈良)시대다움' 조차 느낍니다. 목간의 기재는 쇼토쿠(称徳) 천황 시대의 불사를 엿볼 수 있는 귀중한 증언이라고 할 수 있을 것입니다.

(山本崇)

VII

목간을
미래에
전하기 위해

43. 물갈이의 여름, 만남의 여름?

목간이 흙 속에서 천년 이상 동안 썩지 않고 남아 있는 것은 간단한 일이 아닙니다. 사실 일본 목간은 물과 진흙으로 둘러싸여 햇볕과 공기가 차단됨으로써 박테리아 활동이 억제된 환경 속에서 겨우 남은 것입니다. 나무 세포도 약해져 그 속에 포함된 수분으로 겨우 형태를 유지하고 있는 상태입니다.

그 때문에 목간은 과학적인 보존처리를 하기 전까지 물에 담가 보존해야 합니다. 나라문화재연구소에서는 약 44cm×28cm, 깊이 7.5cm 정도의 플라스틱제 용기에 전용 거즈를 깔고 그 위에 목간을 두고 다시 거즈로 덮은 후 방부제(붕산)를 넣은 물을 채우고 뚜껑을 덮어 보관하고 있습니다.

그렇지만 물은 자연스레 증발하여 감소합니다. 특히 출토된 지 얼마 되지 않은 목간은 내부의 성분이 배어 나와 물을 탁하게 하고 때로는 거즈까지 부식시켜 버립니다. 그러므로 정기적으로 점검을 해야 합니다.

그래서 우리는 매년 8월, 물에 담긴 목간을 총 점검합니다. '물갈이(水替え, 옮긴이 : 묵은 물을 새 물로 바꾸는 것)'라고 불리는 데 나라문화재연구소·사류연구실의 한여름 연례행사입니다.

헤이조(平城)지구 (헤이조큐(平城宮)·헤이조쿄(平城京) 담당) 목간만 해도 1주일, 후지와라(藤原)지구(아스카(飛鳥), 후지와라큐(藤原宮)·후지와라쿄(藤原京))까지 포함하면 거의 2주에 걸쳐서 용기를 체크하고 물이

1 용기에 거즈를 깔고 새로운 물을 채운다.

2 거즈 위에 목간을 살짝 둔다.

3 물에 잠긴 목간이 잠든 용기가 가득 차 있다.

목간으로 보는 일본 고대인의 일상

증발한 곳에는 물을 채우며 필요에 따라 거즈를 교체합니다.

참고로 헤이조(平城)지구에서 보관하는 용기의 수는 제가 나라문화재연구소에 입소한 2011년 당시(정확한 수치는 아니지만) 4,000개 이상이라고 들었습니다. 더욱이 2008년에 발견된 동방관아(東方官衙)의 거대한 쓰레기 구덩이 흙에서 목간(삭설)을 찾아내는 작업(본서Ⅵ-41 참조)은 지금도 이어져 목간 수는 더욱 증가하고 있습니다. 2019년에 조사해 본 결과, 용기의 총수는 무려 6,000개에 달했습니다.

이처럼 '물갈이'는 상당한 노동력이 필요하지만 천 년 이상 잠자고 있던 목간을 후세대에 전하기 위해서는 필요한 작업이기도 합니다. 목간을 담당하는 우리에게 가장 중요한 일 가운데 하나라고 할 수 있습니다.

그런데 '물갈이'는 작업량이 방대하므로 매년 전국의 고대사를 전공하는 대학원생에게 아르바이트를 부탁하고 있습니다. 실은 이것이 다음 세대를 담당할 연구자를 육성하는 귀중한 기회가 되고 있습니다. 8월에 실시하는 것도 물을 다루는 작업일 뿐만 아니라 학생들이 방학 기간을 이용하여 쉽게 모일 수 있기 때문입니다. 필자가 목간을 실제로 처음 만진 것도 아르바이트생으로 '물갈이'에 참가하였을 때였습니다. 당시의 감격은 지금도 머릿속에 선명하게 남아 있습니다.

끊이지 않고 계승되는 전통 행사 '물갈이' 역사를 돌이켜보면 이 기회에 평생 반려자와 인연을 맺게 된 사례가 있습니다! 그것도 여럿!! 과연 올해는 어떨까요?

(山本祥隆)

44. 보존과 활용 사이에서 - 실물을 보여드리고 싶다

2003년 헤이조큐(平城宮) 터에서 1961년 처음으로 출토된 '대선직 (大膳職) 추정지 출토 목간'(본서 Ⅱ-8 참조)이 일본의 중요문화재로 지정되었습니다. 목간이 중요문화재로 지정된 것은 처음입니다. 이를 계기로 '내리(內裏) 북외곽 관아 출토 목간'(2007년), '내선사(內膳司) 추정지 출토 목간'(2010년), '조주사(造酒司) 출토 목간'(2015년)이 연달아 중요문화재로 지정되었습니다. 문화재로서 목간에 대한 평가가 공식적으로 인정된 것입니다.

한편 목간은 매우 약한 유물입니다. 나라문화재연구소에서는 출토된 직후에 기장(記帳, 석문의 검토와 형상의 스케치를 함께 기록)과 사진 촬영을 한 후 실물을 최대한 만지지 않고 기장(記帳) 노트와 사진을 토대로 조사하는 것을 원칙으로 하고 있습니다.

보존처리를 한 후에도 급격한 온도 및 습도의 변화는 약제의 삼출 (滲出, 옮긴이 : 안으로 밖에서 액체가 스며서 배어 나옴)과 휘어짐 등 형상 변화를 초래하는 위험이 있습니다. 따라서 나라문화재연구소에서는 실온 20℃, 습도 60%로 유지된 전용 수장고에서 처리가 끝난 목간을 보관하고 있습니다.

그러한 목간을 상설 전시하는 것은 어렵습니다. 나라문화재연구소 平城宮跡資料館에서는 기본적으로 복제품을 전시합니다. 그렇다 할지라도 중요문화재로 지정하는 것은 목간이 국민 공유의 재산으로 인정된 것을 의미합니다. 목간을 활용하지 않고 수장고 속에 두는 것

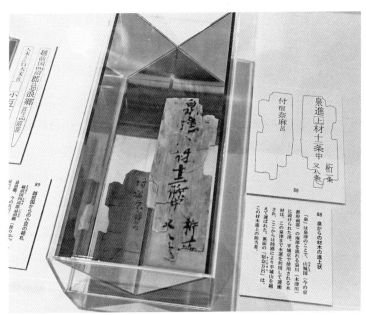

2017년 가을 '지하의 정창원전'에는 내선사(内膳司) 추정지 출토 목간 등을 전시. 거울을 사용하여
앞뒤 양면을 볼 수 있도록 하였다.

은 허락되지 않을 것입니다.

그래서 나라문화재연구소에서는 1년에 한 번, 나라국립박물관(奈良國立博物館)에서 개최되는 '정창원전'에 맞추어 平城宮跡資料館에서 '지하의 정창원전'이라는 제목으로 추계 특별전을 개최하고 있습니다. 이 때 평소에 좀처럼 볼 수 없는 실제 목간을 아낌없이 진열합니다.

이 특별전이 탄생한 직접적인 계기는 2007년도 '내리(內裏) 북외곽 관아 출토 목간'(2007년)의 중요문화재 지정인데 당시 이 목간을 광고하는 것이 목적이었습니다. 그 이름은 헤이조큐(平城宮) 터 출토 유물은 정창원의 보물과 같은 시대의 것이며 그보다 가치가 떨어지지 않은 것, 그리고 헤이조큐(平城宮) 터가 때때로 '지하의 정창원'이라 불리는 것에서 유래하였습니다.

더욱이 중요문화재가 대부분인 헤이조큐(平城宮) 터 출토 목간 3,184점은 지하의 정창원전 10주년인 2017년에 국보로 지정되었습니다. 목간으로서는 처음 있는 쾌거입니다. 조사 성과를 넓게 환원할 기회인 실물 목간의 전시는 중요하다고 할 수 있을 것입니다.

한편 지하의 정창원전에서는 약 6주간의 기간을 3기로 나누어 약 2주마다 출품한 목간을 교체합니다. 모든 목간을 실제로 보기 위해서는 최소 3회 방문하지 않으면 안 되지만 이러한 것도 실은 모두 목관의 보관에 전력을 다하기 위해서입니다. 문화재의 보존과 활용을 양립하기 위한 고심을 이해해주셨으면 합니다.

나라(奈良)의 가을은 나라국립박물관(奈良國立博物館)의 정창원전과 함께 平城宮跡資料館의 '지하의 정창원전'의 계절입니다. 나라에 오시는 것을 목간과 함께 기다리고 있겠습니다.

(山本祥隆)

45. 적외선은 만능인가?

중세 이후의 고문서와 달리 고대 목간의 문자는 현재의 해서와 비슷한 사례가 많아 일반인들도 친숙하리라 생각됩니다.

그러나 목간의 문자 판독에는 특별한 어려움이 있습니다. 예를 들어 결실되어 문자의 일부밖에 남아 있지 않은 경우. 이런 경우는 남아 있는 획과 전후의 문자를 통해 결실된 부분을 추측하면서 읽을 수밖에 없습니다.

또 흙 속에서 오래 묻혀 있는 동안 먹이 옅어지는 때도 있습니다. 또 목간의 나무껍질은 거무스름해지기 쉬워 육안으로는 문자가 있는지조차 판독하기 어려운 사례도 드물지 않습니다.

이런 경우 효과적인 것이 적외선 장치에 의한 관찰. 먹은 적외선을 흡수하는 성질을 지니고 있으므로 목간에 적외선을 비추면 먹이 남은 부분은 반응이 없어 검게 나오므로 문자를 읽기 쉬워집니다.

사진의 목간을 비교해봅시다. 오른쪽이 가시광선에 의한 사진, 왼쪽이 적외선 사진입니다. 적외선 효과가 절대적이라는 것은 일목요연합니다.

적외선을 통한 관찰의 유효성은 일찍부터 인식되었으나 과거는 기재(機材)와 화상의 문제로 인해 쉽게 이용할 수 없는 측면도 있었습니다. 그러나 최근에는 기기가 발달하여 컴퓨터 모니터 위에 간단히 문자의 형상을 비출 수 있으며 콘트라스트를 조정하거나 화상을 보존하기도 쉽습니다. 현재 적외선 관찰은 목간을 판독하는 데 필수적인

우 : 가시광선으로 촬영한 목간은 문자가 선명하지 않다.

좌 : 적외선으로 촬영하면 '讃岐國香川郡成□(會?)秦公嚢'라고 읽을 수 있다.

과정이 되었습니다.

한편 함정도 존재합니다. 적외선은 때로 먹의 흔적을 과하게 비추어 단순히 번진 것도 필획처럼 보이게 하는 경우가 있습니다. 또 상처와 패임에 의한 그림자를 마치 먹의 흔적처럼 보이게 할 수도 있습니다. 기술이 발달해도 육안에 의한 관찰은 중요합니다.

'적외선'이란 가시광선보다 파장이 긴 전자파의 총칭으로 근적외선부터 원적외선까지 다양한 파장이 포함되어 있습니다. 현재 목간 관찰에는 근적외선이 사용되고 있으나 그중에서도 가장 효과적인 파장을 특정할 여지는 남아 있습니다.

또 최근에는 조사(照射)하는 적외선의 파장을 세밀하게 조절할 수 있는 기재(機材)도 있는 것 같습니다. 이를 이용하면 앞으로는 다른 파장에 의한 화상을 대비함으로써 먹의 흔적인지 아닌지를 자동으로 판정하는 것도 가능할지 모릅니다.

참고로 목간은 드물지만, 토기에 문자가 쓰인 묵서토기(특히 스에키(須惠器))의 경우 육안으로는 확실하게 보이는 문자가 적외선을 비추면 싹 지워진 것처럼 안 보이는 경우가 있습니다. 적외선의 효력이 토기 생산지마다 다른 경향이 있으니 태토 성분의 영향 때문으로 추측됩니다만 아직 원인은 잘 알 수 없습니다.

적외선을 활용한 목간의 해독에는 아직 많은 과제가 남아 있습니다. 이는 동시에 목간이 말하는 세계가 더욱 풍부해질 가능성이 있다는 것을 의미하기도 합니다.

　(山本祥隆)

46. 목간과 연륜연대학의 만남

목간이 완형으로 출토되는 경우는 드뭅니다. 대부분은 부서지거나 표면을 깎아 낸 삭설 상태로 발견됩니다. 그러한 작은 편도 고대사의 중요한 사료가 될 수 있다는 것은 지금까지 소개한 대로입니다. 그러나 작은 편끼리 접합하여 원래 상태에 가까워질 수 있다면 더욱 많은 정보를 얻을 수 있다는 것은 굳이 이야기할 필요가 없습니다.

도노 하루유키(東野治行) 씨의 『木簡が語る日本の古代』(岩波書店, 1983년, 이용현 역 『목간이 들려주는 일본의 고대』 주류성, 2008년)의 모두(冒頭)에는 삭설을 처음으로 접합한 사례가 소개되어 있습니다. 당시 나라국립문화재연구소(奈良國立文化財研究所)에서 근무하였던 도노(東野) 씨는 상사로부터 '그 삭설은 어쩌면 같은 목간에서 깎아낸 것이 아닌가'라는 이야기를 들었습니다. 반신반의하면서 재조사를 해 보았더니 5점의 삭설이 하나로 연결되어 전장 30㎝에 달하였습니다(190페이지 사진 오른쪽).

저는 실은 고대사학이 아니라 '연륜연대학'이라는 분야를 전공하고 있습니다. 저는 도노(東野) 씨의 책을 읽으면서 목간 연구에도 연륜연대학을 응용할 수 있지 않을까 하는 생각이 머릿속에 번뜩였습니다. 현재 동료들과 함께 과학연구비의 지원을 받으면서 '목간의 연륜연대학'이라는 주제로 연구프로젝트를 추진하고 있습니다.

나무의 연륜(나이테)은 1년에 한 층씩 형성되므로 같은 시대, 같은 지역에 나무의 연륜 변동이 유사하다는 특성이 있습니다. 연륜연대

좁다   넓다

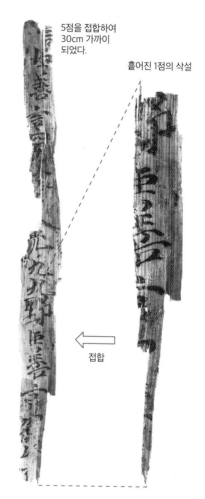

5점을 접합하여
30cm 가까이
되었다.

흩어진 1점의 삭설

접합

우 : 삭설목간을 접합한 최초의 사례

좌 : 목간의 연륜계측화상. 연륜(나이테)의 폭이 1년 단위로 넓어지거나 좁아지는 것을 알 수 있다.

학에서는 이 특성을 이용하여 채벌한 연대를 알고 있는 시료를 바탕으로 구축한 표준 연륜 곡선과 조합하여 분석 대상의 나이테가 형성된 연대를 1년 단위의 정밀도로 오차 없이 알아낼 수 있습니다.

뿐만 아니라 연륜(나이테)의 형성이 지역적인 기후 요소의 영향을 받아 변동하는 특성을 이용하면 고기후의 복원과 목재의 산지도 추정할 수 있습니다. 이처럼 연륜연대학은 연대측정만이 아니라 종합적인 학문 분야라 할 수 있습니다.

현재는 동일한 목재를 추정하는 데 초점을 맞추고 프로젝트를 추진하고 있습니다. 이는 다른 나무보다 같은 나무의 연륜 곡선이 유사하다는 성질에 기반한 것입니다.

이를 목간을 비롯한 목질 유물에 응용하면 어떤 목간과 어떤 목간이 원래 같은 목재였는지 알 수 있습니다. 뿐만 아니라 연륜(나이테)의 신구 관계를 분석하면 어느 부위가 연결될 가능성이 있는 지까지 지적할 수 있습니다.

여러분도 직소 퍼즐을 풀 때 피스의 형태만이 아니라 전체적인 도안에 의지하실 것입니다. 그와 마찬가지로 목간의 형태와 내용에 연륜(나이테)을 통해 얻은 정보를 부가함으로써 목간을 접합할 수 있는지 더욱 쉽고 명확히 알 수 있습니다. 이 과정을 통해 지금까지 밝혀지지 않은 동일 목간을 발견할 수도 있습니다.

이 절부터 Ⅶ-49절까지는 목간의 연륜(나이테)에 주목하여 역사 과학과 자연과학을 융합한 연구의 현황을 소개하고자 합니다.

(星野安治)

47. 연륜(나이테)으로 목간을 해독하기 위하여

앞 절에서 말씀드린 것처럼 우리는 '목간의 연륜연대학'의 가능성을 발견하였지만 사실 불안함도 있었습니다. 조합하는 데 정확성을 기하기 위해 연륜연대학에서는 대략 100층 이상의 연륜(나이테)이 있는, 비교적 대형 시료를 대상으로 하는 것이 일반적이기 때문입니다. 과연 작은 목간도 연륜연대학의 대상이 될 수 있을까요.

그래서 소형 목제품에 연륜연대학의 방법을 시험적으로 응용하여 성공한 분석 사례를 소개하겠습니다. 우선은 이구시(齋串)라는 목제 제사구입니다(사진 우·중). 나라문화재연구소 청사를 새로 짓기 위한 발굴조사 때 한꺼번에 출토되었습니다.

이구시(齋串)의 형태는 다양한데 형태가 유사한 것은 나뭇결도 비슷합니다. 그렇다면 나뭇결의 간격을 바코드로 수치화하고 비교함으로써 같은 목재로 제작한 것을 확인할 수 있지 않을까?

이러한 발상을 출발점으로 연륜연대학 방법을 통해 나뭇결의 수치화 및 그래프화한 결과, 서로 비슷한 이구시(齋串)끼리 연륜(나이테)의 그래프도 정확히 일치하는 것으로 판명되었습니다. 부서진 상태로 출토된 유물이 같은 목재로 제작된 것을 알 수 있게 되었습니다.

발견은 그뿐만이 아닙니다. 일군(一群)의 이구시(齋串)를 4개의 그룹으로 분류할 수 있으며 같은 그룹 내의 이구시(齋串)가 동일 목재로 제작된 것도 알 수 있었습니다. 또 완성된 이구시(齋串) 외에 부러진 판재도 함께 출토되었는데 양자가 원래는 같은 목재였다는 것도 알

(23.5cm)

(19.5cm)

우 : 이구시(齋串)

중 : 오른쪽 사진의 이구시(齋串) (上)를 다른 곳에서 출토된 이구시(齋串) (下)와 접합할 수 있었다.

좌 : 히토가타(人形)

게 되었습니다.

이렇게 해서 어떤 식으로 판재를 쪼개어 이구시(齋串)를 만들었는 가와 같은 제작 공정을 명확하게 복원할 수 있었습니다. 소형의 목제 유물에 연륜연대학적인 수법을 응용하여 큰 성과를 올린 순간이었습니다.

연륜연대학적 수법의 유효성을 확인하기 위해 헤이조큐(平城宮)에서 출토된 '히토가타(人形)'의 조사도 진행하고 있습니다(193페이지 사진 좌). '히토가타(人形)'는 이구시(齋串)와 같은 목제 제사구로 묵선과 홈으로 얼굴과 의복, 손발 등을 표현하여 사람의 모습을 본떠 만든 것입니다.

검토를 진행한 결과 얼굴의 표현과 형상이 유사한 것들은 동일 목재로 제작된 것을 알 수 있었습니다. 또 목제 판을 쪼개 히토가타(人形)를 만드는 공정도 복원할 수 있으며 히토가타(人形)를 만든 사람의 움직임, 행동까지 복원할 수 있는 가능성까지 제기되었습니다.

이구시(齋串)와 히토가타(人形)는 목간과 같이 고대의 목제유물이며 크기도 일반적인 목간과 거의 같습니다. 특히 히토가타(人形)에는 묵선으로 묘사한 것이 많아 목간의 특성과 별반 다르지 않습니다. 참고로 문자가 쓰인 히토가타(목간의 일종!)도 존재합니다.

이 절에서 소개한 이구시(齋串)와 히토가타(人形)의 사례는 연륜(나이테) 수가 적은 소형 목제유물도 같은 목재인지를 추정하는 연륜연대학적 수법이 적용될 수 있다는 것을 증명하였습니다. 다음 절에서는 드디어 목간을 조사해 봅시다.

(浦 蓉子)

48. 목간을 연결하는 나뭇결 바코드

앞 절에서 소개한 이구시(齋串)와 히토가타(人形)의 조사 성과를 토대로 우리는 본격적으로 '목간의 연륜연대학'에 착수하였습니다. 처음 조사 대상으로 삼은 것이 2013년도 겨울 발굴조사에서 출토된 목간. 특히 이구시(齋串)와 히토가타(人形)보다 더욱 작은 삭설입니다.

이 발굴조사는 택지조성에 따른 소규모발굴로 조사지는 홋케지(法華寺) 옛 경내의 바로 남쪽에 인접한 곳으로 나라(奈良)시대 유구가 확인되지 않을까 기대하였습니다. 발굴 결과 헤이조큐(平城宮)의 조방도로 측구(側溝)와 담으로 보이는 굴립주열, 동서방향의 구(溝)가 발견되었습니다. 그리고 이 동서구(東西溝)에서 총 4,355점(삭설 4,253점)의 목간이 출토되었습니다.

그 중에서도 196페이지 사진 오른쪽의 삭설 2점이 주목을 받았습니다. 목간이 출토된 동서구(東西溝)는 출토 상황만이 아니라 723(養老7)년과 724(神龜1)년 목간이 포함된 것으로 보아 나라(奈良)시대 전반까지 소급되는 유구로 보입니다. 그리고 이 시기의 황태자라고 한다면 도다이지(東大寺)의 대불 조립으로 유명한 쇼무(聖武) 천황(즉위 전은 오비토(首)황자)을 가리키는 것으로 생각됩니다.

'皇'은 비교적 용법이 제한된 문자이므로 '太子'와 합하여 보면 두 점의 삭설은 동일 목간에서 깎인 것으로 원래는 한 줄로 '皇太子'라고 볼 수 있을 것입니다. 그렇지만 양자는 직접 연결되지 않아 같은 목간으로 보아도 좋을지 결정적인 근거는 없는 상태였습니다.

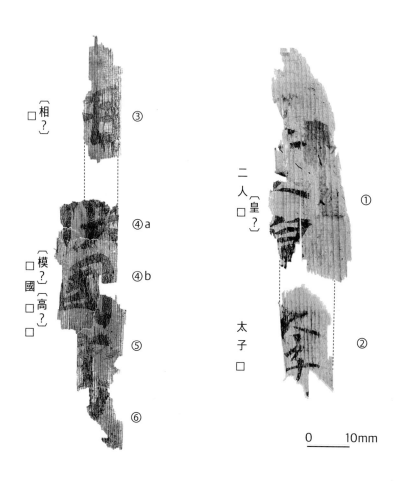

〔相?〕
□

③

④a

〔模?〕
□
國□
〔高?〕
□

④b

⑤

⑥

二人
□〔皇?〕

①

太子
□

②

0　　10mm

우 : 같은 목간으로 추정되는 삭설 '二人□(皇?)', '太子□'의 삭설

좌 : ④a에서 ⑥까지 4개의 편이 이어지며 ③도 같은 목간으로 추정되는 삭설

여기서 연륜연대학이 나섰습니다. 곧은결(柾目) 목재인 양자의 연륜(나이테)을 계측·분석한 결과, 연륜(나이테) 폭의 증감 패턴과 폭의 실제 수치가 정확히 일치하는 것을 알 수 있었습니다. 2점의 삭설이 같은 목간에서 깎였을 가능성이 매우 커진 것입니다.

이를 계기로 동서구(東西溝)에서 출토된 목간 전반에 대해서도 황태자시대의 쇼무(聖武) 천황과 관련된 자료군일 가능성이 커졌다고 할 수 있을 것입니다.

분석을 진행하자 이외에도 같은 목간을 깎아서 생긴 삭설이 있다는 것을 알 수 있었습니다. 예를 들어 사진 왼쪽은 총 5점의 삭설로 이루어져 있습니다. 하나의 파편만으로는 ④b의 '國'을 읽을 수 있는 정도이나 연륜연대학적 조사를 통해 모두 같은 목간에서 유래된 것이며 접합 부위에 관한 실마리도 얻게 되어 전체적으로 '相模國高'일 개연성이 높아졌습니다.

지명이므로 이 정도까지 분석하면 후보를 추릴 수 있습니다. 분명 원래는 사가미국(相模國) 다카쿠라군(高座郡, 현재의 가나가와현(神奈川縣) 후지사와(藤沢), 지가사키(茅ヶ崎) 두 시에서 사가미하라시(相模原市) 동부에 걸친 지역)이라고 쓰여 있었을 것입니다. 하찰을 깎은 것일까요? 혹은 도성에서 일하는 다카쿠라군(高座郡) 출신자의 명적일지도 모릅니다.

이처럼 연륜연대학의 수법을 응용한 동일 목재 추정을 통해 목간의 해독을 심화할 수 있을 것으로 기대됩니다.

한편 '목간의 연륜연대학'은 이외에도 다양한 잠재력을 숨기고 있습니다. 다음 절에서는 그 일단을 살펴보고자 합니다.　　　　(山本祥隆)

49. 연륜(나이테)을 통해 목재의 산지를 좁히다

앞의 두 절에서 연륜연대학적인 동일 목재 추정을 통해 이구시(齋串)와 히토가타(人形), 목간의 삭설 등이 접합되는 사례를 소개하였습니다. 그런 과정에서 개별 유물의 접합만이 아니라 연륜연대학적으로 새로운 지견도 얻었습니다.

일반적인 연륜연대측정의 분석 대상으로 약 100층 이상의 연륜(나이테)이 있는 것이 조건입니다. 그러나 본서Ⅶ-47에서 소개한 이구시(齋串) 사례의 경우 각각에 수십 층 정도의 연륜(나이테)밖에 없지만 접합 부위를 검토하여 원래 모습으로 복원할 수 있었습니다. 그리고 동일 목재 유래의 연륜 곡선은 100층 이상이 되었습니다.

이처럼 장기간이 된 동일 목재 유래의 연륜곡선은 연륜 연대측정과 목재 산지 추정의 기준이 되는 표준연륜곡선과도 조합할 수 있었습니다. 연구를 시작할 당시는 이 정도까지 성과가 있으리라고는 생각지 않았으므로 분석을 진행하면서 설렜던 기억이 납니다.

이 성과를 토대로 이 절에서는 목간의 연륜연대학을 통한 앞으로의 전망, 하찰목간을 이용하여 고대 목재의 산지를 추정할 수 있는지를 소개하고자 합니다.

연륜연대학의 선진지인 유럽에서는 광범위한 지역에 걸친 표준연륜곡선을 이용하여 문화재의 산지를 추정하고 있습니다. 뿐만 아니라 문헌사학의 지견을 더하여 중세 한자동맹 도시 간 목재교역의 경로를 복원하는 등 역사적으로도 흥미로운 연구가 이루어지고 있습니다.

(5.6cm)

(22.1cm) (18.8cm)

우 : 가즈사국(上総國)에서 보낸 고급 유제품 소(蘇) 하찰

중 : 기이국(紀伊國) 무로군(无漏郡)에서 보낸 도미(鯛) 하찰

좌 : 스오국(周防國) 오시마군(大島郡) 무리리(務理里)에서 보낸 소금 하찰

일본에서도 지금까지 축적된 표준연륜곡선을 정리해보면 예를 들어 도호쿠(東北)지방의 동해(일본해) 측과 태평양 측에서는 조합되지 않는 사례가 있는 등 연륜 변동에 지역적인 차이가 있다는 것이 밝혀지고 있습니다. 일본 국내에서도 지역별 표준연륜곡선을 정리하면 목재의 산지를 추정하는 데 응용할 수 있습니다.

여기서 주목하고 싶은 것이 전국 각지에서 헤이조큐(平城宮)·헤이조쿄(平城京)로 모인 하찰목간입니다. 조용(調庸) 등 공진할 때 짐에 매달린 고대 하찰은 세금을 납부하는 측에서 작성하고 도성으로 운반된 후 폐기한 것으로 생각됩니다. 즉 각지에서 자란 나무를 재료로 만들었으며 또 대부분 자란 곳의 지명이 적혀있는 것입니다.

이 하찰목간을 소재로 지역별 표준연륜곡선을 작성합니다. 그리고 연륜 변동을 지역마다 정리·통합함으로써 고대 목재의 산지를 추정하는 데 기반을 구축할 수 있을 것으로 예상됩니다.

199페이지 사진의 목간은 모두 헤이조큐(平城宮)·헤이조쿄(平城京)에서 출토된 하찰입니다. 가즈사(上総, 지바현(千葉縣) 중부), 기이(紀伊, 와카야마현(和歌山縣)), 스오(周防, 야마구치현(山口縣) 동부)....나이테 폭이 좁은 좋은 목재가 하찰로 전국 각지에서 모인 것을 알 수 있습니다. 목간이 '나무'라고 하는 점 역시 고대의 귀중한 정보를 알려주는 보물 창고(寶庫)라 할 수 있습니다.

'목간의 연륜연대학'은 이제 막 검토가 시작된 단계. 연구가 진척되면서 목간에서 얻을 수 있는 정보도 증대되길 기대합니다.

(星野安治)

맺음말

그들이
살아 있었던
증거

맺음말 - 그들이 살아 있었던 증거

땅속에서 출토된 목간은 서늘하고 찬 나무 조각입니다.

그러나 그 나무 조각에는 여기에 글씨를 쓴 사람, 그 나무 조각에 휘둘린 누군가, 실제로 살았던 고대 사람들의 온기가 숨어있습니다.

목간을 길잡이로 하여 나라(奈良)시대 초기 귀족인 나가야왕(長屋王) 저택의 몇 분을 찾아가 봅시다.

저택 문 앞에는 영지인 가타오카(片岡, 현재 나라현(奈良縣) 오지정(王寺町) 주변)에서 연회용 식기로 쓸 연잎이 배달되었습니다. 가타오카에서 헤이조쿄(平城京)까지는 약 20km, 가져온 사람은 쓰부라메(都夫良女) 씨. 저는 눈이 동글동글한 애교 있는 모습을 상상해 봅니다. 그녀의 손에는 편지 목간이 있었습니다.

문에 들어가 마구간을 들여다보면 멀리 가이국(甲斐國, 현재 야마나시현(山梨縣))이나 고즈케국(上野國, 현재 군마현(群馬縣))에서 온 말 전문가가 부지런히 말을 돌보고 있습니다. 동국 사투리로 이야기하고 있었을까요. 그들에게 식료를 지급한 내용이 적혀 있는 목간은 그들이 이 자리에 있었다는 사실을 전해 줍니다.

숯 창고의 숯은 가모이부카(鴨伊布賀)가 숯을 만드는 곳에서 가져온 것. 이 가모이부카(鴨伊布賀) 씨는 숯을 보낼 때 첨부장 목간에 글씨를 쓰는데 항상 끝이 뭉뚝해진 붓을 씁니다. 그것도 '籠'자의 오른쪽은 가로 획수가 맞지 않아 '그냥 가로획이 많은 글자'라고만 인식한 것 같습니다. 저택 분들은 '숯'이라고 하면 작은 붓으로 쓰인 진묘한 글

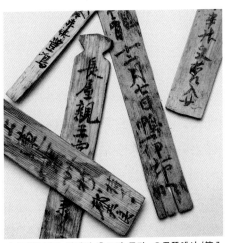

나가야왕 저택 터에서 출토된 목간. 오른쪽에서 '筥入女'(14.5cm), 둘째로 '鴨伊布賀'(23.8cm), 세번째로 '長屋親王'(21.4cm), 그 위에 네번째로 '都夫良'(17.9cm), 왼쪽 위에 '赤染豊嶋'의 이름이 보인다(22.6cm).

자를 연상했을 것입니다.

쌀 창고에서는 쌀 전표 목간을 지닌 사람이 우왕좌왕하고 있습니다. 그 건너편에 있는 사무소에 털썩 앉은 가령(家令)인 赤染豊嶋의 이름이 쓰인 목간은 선대인 다케치노미코(高市皇子) 시대부터 일하는 일족 출신자가 저택을 관장하는 모습을 밝혔습니다.

저택의 주인인 나가야왕(長屋王)과 가족 주위에는 많은 하인이 돌보고 있습니다. 나가야왕(長屋王)의 부인인 기비(吉備) 내친왕은 특히 하코이리메(筥入女)를 아낀 것 같은 것은 목간에 등장하는 횟수 등으로 상상할 수 있습니다. 차분한 이름인 하코이리메(筥入女)에는 5살 남자아이가 있었습니다.

기비(吉備) 내친왕 밑에서는 불전에 거는 번(幡)의 제작, 자수를 한 것을 목간에서 알 수 있습니다. 간진(鑑真) 화상이 일본에 올 결심을 한 계기로 나가야왕(長屋王)이 중국에 보낸 자수가 있는 가사(袈裟)가 있었습니다. 혹 그 가사도 기비(吉備) 내친왕들이 만든 것이었을지도 모릅니다. 작은 나무 조각으로 볼 수 있는 사람들의 영위는 이렇게 동아시아로 뻗어갑니다.

목간과 대화하는 것은 목간을 매개로 고대 사람들과 대화하는 것입니다. 목간을 '조사'한 지식으로 고대사회를 해명하는 것도 소중하고 즐거운 일입니다. 다만 동시에 목간을 통해 고대 사람들을 '느끼는' 것이야말로 목간의 묘미이며 시공을 넘은 고대인과 한순간 만남의 입구로 생각합니다.

사람이 있었고 살아남았으니 역사도 있습니다. 목간은 그들이 살아 있었던 증거입니다.

그래서 저는 항상 먼저 목간에 이렇게 묻습니다. '이 분들은 주어진 삶을 견디며 끝까지 살아남았나요?'라고.

(馬場基)

참고문헌

일본의 목간을 더 잘 이해하기 위해서는 아래의 책을 참고하면 됩니다(입수하기 어려운 것도 있습니다).

大庭脩편, 1998, 『木簡－古代からのメッセージ』大修館書店

狩野久, 1979, 『木簡』(「日本の美術」160) 至文堂

鬼頭清明, 1990, 『木簡』(考古學ライブラリー) ニュー·サイエンス社

鬼頭清明, 2004, 『木簡の社会史－天平人の日常生活』(講談社學術文庫) 講
　　　　談社

東野治之, 1983, 『木簡が語る日本の古代』(岩波新書) 岩波書店(이용현 역,
　　　　『목간이 들려주는 일본의 고대』주류성, 2008)

奈良文化財研究所 편, 2014, 『＜歴史の証人＞木簡を究める』クバプロ

奈良文化財研究所 감수, 2016, 『平城京のごみ圖鑑－最新研究でみえてくる奈
　　　　良時代の暮らし』河出書房新社

奈良文化財研究所, 2018, 『10周年記念　地下の正倉院展　10年のあゆみ』

馬場基, 2010, 『平城京に暮らす－天平びとの泣き笑い』(歴史文化ライブラリ
　　　　ー) 吉川弘文館

木簡學会 편, 2010, 『木簡から古代がみえる』(岩波新書) 岩波書店(이동주·하
　　　　시모토 시게루 역, 『목간에서 고대가 보인다』주류성, 2021)

渡辺晃弘, 2010, 『平城京1300年「全検証」－奈良の都を木簡からよみ解く』柏
　　　　書房

후기

　과거에 살았던 사람들이 실제로 쓴 목간이라는 사료, 그것이 말하고자 하는 것을 독자 여러분께 어느 정도 전달이 되었을까요?

　이 책은 2018년 4월 7일부터 2019년 3월 30일까지 아사히신문 토요판be에 '목간의 고도학(古都學)'이라는 제목으로 47회에 걸쳐 연재한 원고에 새로운 원고를 약간 더하여 주제별로 재구성한 것입니다. 내용은 틀에 박히지 않고 각 집필자의 자발성에 맡겼고, 쓸 수 있는 사람이 쓰고 싶은 주제로 쓴다는 방침으로 연재를 시작하였습니다. 다음에 어떤 목간이 등장할까 기대하면서 즐겨 주셨으면 하는 생각도 있었습니다.

　처음에는 과연 이런 계획만으로 목간에 대해 전해드려야 할 것을 망라할 수 있을까, 또 일주일에 한 번 연재하는 것을 유지할 수 있을까 하는 불안도 없지는 않았습니다. 그런데 실제로 연재를 시작해 보니 원고 부족으로 고생한 적은 한 번도 없었고 오히려 싣는 순서를 결정하는 데 고민하는 즐거운 비명을 지르게 되었습니다.

　물론 이 책에서 언급된 목간에는 편차가 있습니다. 업무상 매일 접하는 도성 목간이 대부분을 차지하게 되어 언급하지 못한 이조대로(二條大路) 목간 같은 목간군도 있었습니다. 왜 저를 거론해 주지 않냐며 불만을 토하는 목간의 얼굴이 눈에 밟힙니다. 또 지방 유적에서 출토된 목간이나 중세 이후 목간도 한정적으로 소개할 수밖에 없었습니다.

다음으로 어떤 목간이 어떤 시각으로 소개되는지 예상하지 못하는 마술 같은 놀라움을 몰래 노렸던 연재였는데 이번에 이렇게 한 책으로 엮어 보니 목간에 관해서 거론해야 하는 관점을 대부분 담을 수 있었던 것 같아서 안도하였습니다. 또 내용별로 편집해서 처음부터 쭉 읽을 수 있도록 재구성했는데 각 절의 놀라움은 그대로 남아 있다고 생각합니다. 흥미가 있는 절부터 좋아하는 순서대로 읽으셔도 무방한 책이라고 생각합니다.

　본서와 같은 작은 책을 통해 개별 자료나 역사적 사실을 아는 것도 중요하지만 목간을 읽는 묘미와 같은 것을 조금이라도 맛보셨으면 합니다. 목간을 망라할 수 없었지만 언급해야 할 주제는 여기저기에 담아낼 수 있었습니다. 이 책에서 거론한 목간을 통해 목간의 세계로 더욱 빠지신다면 누구보다 목간이 가장 기뻐할 것이며, 이를 도운 저희에게도 이처럼 기쁜 일은 없을 것입니다.

　목간은 한 점만으로 큰 발언력을 가지는 경우도 있습니다. 이 책에서는 소개하지 못했지만 때로는 헤이조큐(平城宮) 제1차 대극전원(大極殿院) 회랑 기단 밑에서 출토된 和銅3년 정월의 이세국(伊勢國) 하찰처럼 710년(和銅3년)의 헤이조(平城)로 천도할 때 헤이조큐(平城宮)에는 아직 대극전(大極殿)이 없었다는 사실을 알려주는 목간도 있습니다. 하지만 목간은 스스로 자기주장을 하는 것이 아니라 아주 작은 정보를 살짝 귀띔하는 것에 불과합니다.

　이처럼 목간 한 점 한 점이 내는 목소리는 작고 전하는 내용도 단편적인 것에 불과하지만 그것들이 하나가 되어 말하기 시작할 때 새로운 역사를 쓸 수 있다는 사실은 이 책에서 소개한 나가야왕가(長屋王家) 목간, 이조대로(二條大路) 목간 혹은 헤이조큐(平城宮) 동방 관아의 소각(燒却) 토갱 목간들이 우리에게 알려주었습니다.

본문에서 소개한 것처럼 목간이 햇빛을 보기 시작한 것은 아직 60년이 채 지나지 않았습니다. 목간이 들려주는 이야기를 빠짐없이 알아들을 수 있도록 노력하면서 목간의 소리를 미래에도 들을 수 있도록 보존하고 공개하는 것도 저희 조사 기관이 짊어진 큰 책무라고 할 수 있습니다.

마지막으로 연재하는 데 신세를 진 아사히신문사의 쓰카모토 가즈토(塚本和人) 씨와 고타키 지히로(小滝ちひろ) 씨, 그리고 간행을 위해 힘써 주신 이와나미서점(岩波書店)의 入江仰 씨에게 깊이 감사드립니다. 그리고 연재한 기사를 읽어주신 전국의 독자 여러분께 다시 한 번 진심으로 감사의 뜻을 전합니다.

2020년 1월 25일
나라문화재연구소(奈良文化財研究所)
와타나베 아키히로(渡辺晃宏)

역자후기

이 책은 일본에서 가장 많은 목간을 소장한 나라문화재연구소의 연구자가 목간을 가까이에서 관찰하고 연구한 성과를 일반인 대상으로 쓴 성과물입니다. 지금까지 목간은 거기에 쓰인 글자를 읽어내기 위한 문자 자료로 중요하게 여겨졌습니다. 그러나 목간도 엄연히 땅에서 출토된 하나의 유물입니다. 목간이 어디에서, 어떤 상태로 출토되었고 어떤 글자가 어떤 형태로 쓰였으며 또 글자 외에 어떤 정보가 기록되었고 현재 어떻게 보존, 활용되는지 등의 문제를 함께 다룰 때 비로소 문자 자료로서의 정보를 최대한 끌어낼 수 있습니다.

이 책에서는 고대인이 목간에 남긴 정보를 최대한 끌어내기 위해 다양한 최신의 방법론을 제시합니다. 또 일반인도 공감할 수 있도록 깊이 있는 내용을 쉽게 풀어서 해설하였습니다. 한번 손에 잡으면 끝까지 읽어보고 싶게끔 만드는 책입니다. 일본 목간에 관한 연구 성과를 한국 학계와 일반 시민사회에 소개하는 데 더없이 적합한 책이라고 할 수 있을 것입니다.

또 한국과 일본 목간을 연구하는 데 참고해야 할 내용도 많습니다. 예를 들어 본문에서도 알 수 있듯이 일본에서 출토된 전체 목간의 80% 이상이 삭설(削屑)인데 이는 한국에서는 지금까지 발견된 삭설이 매우 적은 것과 대비됩니다. 百濟, 新羅, 倭에서 사용한 목간의 차이점에 주목하고 그 역사적 배경을 밝히는 것은 앞으로 중요한 과제가 될 것입니다.

고대 동아시아에서 출토된 목간을 연구대상으로 삼고 있는 경북대학교 인문학술원 HK+사업단에서도 한국 학계에 이처럼 유익한 일본의 연구 성과를 알릴 필요가 있다는 판단 하에 하시모토 시게루(橋本繁), 팡궈하(方國花), 김도영(金跳咏) 3명의 역자가 이 책을 공동으로 번역하였습니다. 이 번역서가 한국의 연구자와 일반 시민들에게 일본 고대의 목간을 쉽게 알릴 수 있는 계기가 되길 바랍니다.

　　　　　　하시모토 시게루(橋本繁), 팡궈하(方國花), 김도영(金跳咏)

집필자 소개(2020년 현재)

浦 容子(우라 요코) 1987년생. 나라문화재연구소 도성발굴조사부 고고제1연구실 연구원. 고고학.

黒田 洋子(구로다 요코) 1959년생. 나라문화재연구소 도성발굴조사부 사료연구실 객원연구원. 일본고대사학.

桑田 訓也(구와타 구니야) 1978년생. 나라문화재연구소 도성발굴조사부 주임연구원. 일본고대사학.

杉本 一樹(스기모토 가즈키) 1957년생. 전 궁내청(宮內廳) 정창원사무소장(正倉院事務所長)·나라문화재연구소 도성발굴조사부 사료연구실 객원연구원. 일본고대사학.

舘野 和己(다테노 가즈미) 1950년생. 오사카부립 지카쓰아스카박물관장(大阪府立 近飛鳥博物館長)·나라여자대학 명예교수·나라문화재연구소 도성발굴조사부 사료연구실 객원연구원. 일본고대사학.

馬場 基(바바 하지메) 1972년생. 나라문화재연구소 도성발굴조사부 사료연구실장. 일본고대사학.

藤間 温子(후지마 아쓰코) 1985년생. 나라문화재연구소 도성발굴조사부 사료연구실 Associate Fellow. 일본고대사학.

方 國花(팡궈하) 1980년생. 나라문화재연구소 도성발굴조사부 사료연구실 객원연구원. 일본어학.

星野 安治(호시노 야스하루) 1976년생. 나라문화재연구소 매장문화재센터 연대학연구실장. 연륜연대학.

山本 崇(야마모토 다카시) 1972년생. 나라문화재연구소 도성발굴조사부 주임
연구원. 일본고대사학.

山本 祥隆(야마모토 요시타카) 1983년생. 나라문화재연구소 도성발굴조사부
사료연구실 연구원. 일본고대사학.

渡辺 晃宏(와타나베 아키히로) 1960년생. 나라문화재연구소 부소장·도성발굴
조사부 부부장. 일본고대사학.

색인

경북대학교 인문학술원
HK+사업단 번역총서 04

목간으로 보는
일본 고대인의
일상

엮은이 | 奈良文化財研究所

옮긴이 | 하시모토 시게루(橋本繁), 팡궈화(方國花), 김도영(金跳咏)

발행인 | 최병식

발행일 | 2022년 9월 10일

주류성출판사

서울특별시 서초구 강남대로 435 주류성빌딩 15층

전화 | 02-3481-1024(대표전화) 팩스 | 02-3482-0656

홈페이지 | www.juluesung.co.kr

ISBN 978-89-6246-486-3 94910

ISBN 978-89-6246-447-4 94910(세트)